DIETER WEIDENFELD

WIE EINE AUSTER DAS ZARENREICH RETTETE

echt EMF

Dieter Weidenfeld studierte Soziologie und begann zunächst eine Karriere als Theaterschauspieler und als Radiomoderator, bevor er schließlich ins Showbusiness wechselte: Als erfolgreicher Manager und Plattenproduzent betreute er Künstler wie Gilbert Becaud, Adamo, Howard Carpendale, Matthias Reim, Peter Kraus, Rex Gildo und viele andere. Zudem arbeitet er heute als Theaterregisseur und schrieb mehrere Künstlerbiografien. Er lebt seit 50 Jahren in München, ist verheiratet, hat eine Tochter und drei Enkelkinder – und ist begeisterter Gourmet.

DIETER WEIDENFELD

WIE EINE AUSTER DAS ZARENREICH RETTETE

Und andere kulinarische Geschichten

Mit Rezepten von Sternekoch **Heinz Winkler**

echt EMF

INHALT

VORWORT

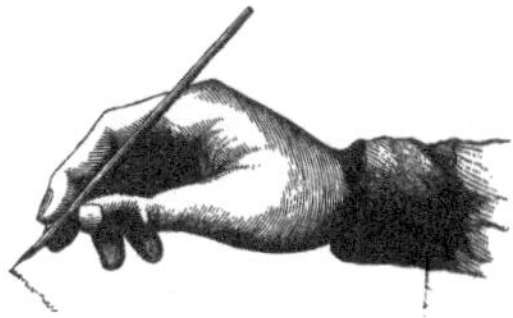

Als ich vor Jahren damit anfing, Geschichten rund um Köche und Küche zu sammeln, kam ich bald dahinter, dass ich solche Geschichten wohl am ehesten in Frankreich finden würde. Bei meinem nächsten Aufenthalt in Paris ging ich also zur Französischen Nationalbibliothek und fragte die Empfangsdame, ob es hier wohl auch eine spezielle Abteilung für Bücher rund um das Essen und die Küchenkultur gäbe. Die nette Dame überlegte nur kurz und sagte dann: »Tut mir leid – eine spezielle Abteilung haben wir dafür nicht …«

Als ich mich mit einem gemurmelten »Merci quand-même!« zum Gehen wandte, muss sie wohl mein enttäuschtes Gesicht gesehen haben, denn auf einmal sagte sie: »Warten Sie mal! Ich glaube, ich hab' da was für Sie: In der Nähe vom Versailler Schloss gibt es ein Schloss namens ›Grignon‹. Der Mann, der dort wohnt, ist ein berühmter Koch und Patissier, und das schon in der vierten Generation seiner Familie – der hat zum Beispiel auch die Hochzeitstorte von Lady Diana gemacht. Er soll in seinem Schloss eine Bibliothek von über 7000 Küchenbüchern haben. Ich weiß das, weil in der Zeitung stand, die Japaner hätten angeblich ein paar Millionen

Dollar dafür geboten! Warten Sie mal, ich habe irgendwo seine Adresse ...«

Sie kramte in einer Schublade und übergab mir dann eine etwas zerfledderte Visitenkarte. Darauf stand: »H. M. Sender – Membre de l'Académie Culinaire – Château de Grignon«. Am nächsten Tag klingelte ich an der Schlosstüre. H. M. Sender öffnete persönlich.

Ich fragte: »Finde ich hier die berühmte kulinarische Bibliothek?«

Er lachte und sagte: »Klar – kommen Sie rein!«

Ich trat ein und blieb zwei Wochen da – von kurzen Übernachtungspausen abgesehen. In der Bibliothek gab es tatsächlich über 7000 Bücher, H. M. Sender kannte sie offenbar alle und half mir selbstlos bei der Recherche. So konnte ich viele der Geschichten im Original dort recherchieren, wo sie zum ersten Mal geschrieben wurden. Merci, Monsieur Sender, Merci!

Wegen beruflicher Überlastungen hatte ich erst rund ein Jahrzehnt nach diesem Besuch im Schloss Grignon Gelegenheit, weitere Geschichten zu finden, das Manuskript zu überarbeiten und schließlich fertigzustellen. Als ich es mir dann durchlas, dachte ich auf einmal: Da steht so viel über Köche, Küchen und Gerichte – eigentlich gehören in dieses Buch auch die entsprechenden Rezepte! Ich dachte sofort an das Kochgenie, das ich vor vielen Jahren einmal kennenlernen durfte – an Heinz Winkler, eine der Legenden der Kochkunst. Und ich dachte: Das wäre ein Traum, wenn dieser Mann mit einigen Rezeptbeiträgen in meinem Buch vertreten wäre.

Heinz Winkler ist eine absolute Ausnahmeerscheinung in der gastronomischen Welt. Den Ritterschlag der Gastronomie empfing er mit nur 31 Jahren: Damals erhielt er zum ersten Mal die begehrten drei Sterne des Guide Michelin – als jüngster Koch, der je diese Auszeichnung bekam. Heute ist er der meistdekorierte Koch in Deutschland. Im Laufe seiner Karriere hat er sich inzwischen in verschiedenen Lokalen alleine 26 Guide-Michelin-Sterne erkocht – und in seinem »Trophäenschrank« hängen Dutzende hoher Auszeichnungen aus aller Welt. Darunter ist auch das Bundesverdienstkreuz, das er als erster Küchenchef in Deutschland verliehen bekam. In der offiziellen Begründung heißt es dazu unter anderem:

»Er hat Vorbildfunktion für die Jugend, indem er das Berufsbild des Kochs durch außergewöhnliche Spitzenleistung, wirtschaftliche Selbstständigkeit, unternehmerische Weitsicht und persönliche Risikobereitschaft gehoben hat. (...) Er hat mit seinem Wirken dazu beigetragen, dass Kochen zu einer Kunst und zu einem kulinarischen Kulturgut wird. (...) Er hat zum weltweiten Ruf und Ansehen der Gastronomie in Deutschland maßgeblich beigetragen und in internationalen Kochschulen, zum Beispiel in Italien, Spanien, Japan, USA, Hongkong und Thailand Kochkunst gelehrt.«

Heute zelebriert Heinz Winkler zusammen mit seinen 16 Köchen die von ihm entwickelte Cuisine Vitale in seiner »Residenz« in Aschau/Chiemgau – einem Wallfahrtsort von Gourmets aus aller Welt. Ich bin glücklich und stolz, dass er bereit war, mein Buch mit seinen Rezeptbeiträgen zu veredeln.

Dieter Weidenfeld
München/Quiberon/Mallorca, Januar 2020

WIE SEINE HOHEIT LERNTE, WEIN ZU TRINKEN

Der englische Kronprinz, der später als Edward VII. den Thron besteigen sollte, verbrachte in seiner Jugend bekanntlich auch viel Zeit in Frankreich.

Eines Abends speiste er im berühmten Restaurant »Maxim's« in Paris. Der Sommelier servierte ihm einen köstlichen Rotwein aus einer Karaffe. Der englische Kronprinz, damals noch nicht mit französischen Sitten vertraut, nahm das Glas und trank.

Sein Nachbar, voller Respekt sowohl für den hohen Gast als auch für den kostbaren Wein, legte die Hand auf den Arm des Prinzen und sagte: »Hoheit, einen solchen Wein trinkt man hier nicht einfach so. Man bewundert zuerst seine Farbe, indem man das Glas gegen das Licht hält.«

»Verstehe«, meinte der Prinz, »erst dann darf man ihn trinken ...«

»Nein, noch nicht! Dann atmet man langsam seinen Duft ein.«

»Ah«, sagte der Prinz. »Jetzt verstehe ich: Erst dann darf man ihn trinken.«

Der Nachbar lächelte: »Noch nicht ganz, Hoheit! Erst kostet man noch einen kleinen Schluck. Und dann ...«

Der Prinz unterbrach ihn: » ... und dann erst trinkt man ihn!«

»Nein«, bekam er zur Antwort: »Dann ... dann spricht man über ihn.«

Ein Amerikaner soll gesagt haben:
»Die Franzosen sind so stolz auf ihre Weine,
dass sie bestimmte Gegenden nach
ihnen benennen.«

WIE DIE KLEINE SUZETTE BERÜHMT WURDE, OHNE ES ZU WISSEN

Am 31. Dezember des Jahres 1886 feierte im Café de Paris in Monte Carlo eine fröhliche Gesellschaft den Jahreswechsel. Das Café de Paris war damals eines der besten Restaurants an der Côte d'Azur, wenn nicht sogar ganz Frankreichs. Immerhin war der Küchenchef kein Geringerer als Georges Auguste Escoffier, der später im Ritz in Paris und im Savoy in London arbeitete und dort zum König der Köche aufstieg.

Unter den fröhlichen Gästen dieser Silvesternacht befand sich auch der englische Thronfolger Edward Prince of Wales und spätere König Edward VII. mit 18 Freunden. In seiner Junggesellenzeit war der lebenslustige Sohn der gestrengen Königin Victoria ein gern gesehener Gast an den mondänen Orten an der Côte d'Azur – und bisweilen auch an weniger mondänen, verschwiegenen Orten in Paris, wie man sagt. Aber das ist eine andere Geschichte ...

An diesem Silvesterabend 1886 jedenfalls wurde der Prinz von einem jungen 14-jährigen Commis namens Henri Charpentier bedient, der die nachfolgende Geschichte später oft erzählte, nachdem er Karriere gemacht hatte und Küchenchef bei den Rockefellers und in anderen großen Häusern in den USA geworden war. (Manche nehmen allerdings an, er habe seine Rolle dabei etwas geschönt, und es sei in Wirklichkeit der Meister Escoffier selber gewesen, der darin die Hauptrolle gespielt hat.)

Es war für einen Commis schon recht ungewöhnlich, einen so hohen Gast bedienen zu dürfen. So ist es verständlich, dass er an diesem Silvesterabend ziemlich nervös war, und es blieb nicht aus, dass ihm beim Service ein Fehler unterlief: Als er am Tisch des hohen Gastes als Nachtisch eine Crêpe servierte und zum Schluss noch etwas Likör für die Sauce dazugoss, fing die Crêpe plötzlich Feuer und stand in hellen Flammen. Mit anderen Worten: Sie wurde flambiert – was eigentlich überhaupt nicht vorgesehen war.

Der junge Charpentier wurde vor Verlegenheit hochrot im Gesicht. Er sah sich im Geiste schon bei Escoffier in Ungnade fallen und fürchtete um seine ganze Karriere. Jetzt half nur noch die Flucht nach vorn: Er servierte dem hohen Gast frech die offenbar misslungene, noch halb brennende Crêpe und murmelte so etwas wie: »Ich habe sie heute zum ersten Male zubereitet.«

Der Prinz schaute etwas amüsiert auf den Teller, dann kostete er vorsichtig, sah den Commis prüfend an und fragte nach einer Weile: »Was haben Sie nur mit dieser Crêpe gemacht?«

Der Commis wäre fast im Boden versunken. Er suchte krampfhaft nach einer Antwort, als der Prinz fortfuhr: »Sie ist ausgezeichnet!«

Charpentier fiel ein Stein vom Herzen – und clever, wie er damals schon war, antwortete er: »Ich sagte schon, dass ich diese Zubereitung heute Abend eigens für Sie kreiert habe. – Wenn Sie gestatten, so möchte ich dieser Schöpfung den Namen Eurer Hoheit verleihen und sie ›Crêpe Prince of Wales‹ nennen.«

Der Prinz winkte dankend ab und sagte gutgelaunt: »Aber nein, mein Guter, das ist nichts für mich! Warum benennen wir sie nicht nach diesem entzückenden Geschöpf an meiner Seite?« Er wandte sich an das junge Mädchen, das neben ihm saß: »Wie heißt du noch mal?«

Errötend antwortete sie: »Ich heiße Suzette!«

So kam die »Crêpe Suzette« zu ihrem Namen und tauchte schon bald darauf immer häufiger unter diesem Namen als Nachtisch auf – sogar auf den Speisekarten der großen Pariser Restaurants.

Übrigens wird erzählt, die kleine Suzette sei gar nicht so sehr begeistert davon gewesen, dass man an diesem Abend eine Crêpe nach ihr benannte. Ein Diamantring, so sagt man, wäre ihr viel lieber gewesen. Sie konnte ja damals noch nicht wissen, dass sie zwar nicht in die Geschichte des englischen Königshauses eingehen würde, aber dank der Crêpe des Henri Charpentier immerhin in die Geschichte der Kochkunst. Böse Zungen sagen, das junge, entzückende Geschöpf habe sich im Verlaufe der Silvesternacht dennoch den so sehnlich erwünschten Diamantring verdient. Aber das ist wieder eine andere Geschichte ...

CRÊPES
GEFÜLLT MIT GRAND MARNIER-SCHAUM UND ORANGENFILETS

Ein Rezept von HEINZ WINKLER

ZUTATEN
(für 4 Personen)

Crêpeteig
80 g Mehl
2 Eier
20 g Zucker
1 Prise Salz
100 ml Milch
100 ml süße Sahne
20 g Butter, gebräunt
abgeriebene Schale von zwei Orangen

Füllung für Crêpes
200 g Crème fraîche
3 Eiweiß
80 g Zucker
5 EL Grand Marnier
2 Blattgelatine

Orangensauce
60 g Butter
90 g Zucker
400 ml Orangensaft
1 Eigelb
abgeriebene Schale von einer Zitrone, natur
abgeriebene Schale von einer Orange, natur
3 EL Orangenlikör
Filets von zwei Orangen

ZUBEREITUNG

1. Mehl, Eier, Zucker, Salz, Milch und Sahne zu einem glatten Teig verrühren. Die Butter in einer heißen Pfanne bräunen und lauwarm dazugeben, ebenso die abgeriebene Orangenschale. Aus dem Teig dünne Crêpes backen.
2. Crème fraîche in einem Kupferkessel leicht anschlagen. Eiweiße mit Zucker cremig schlagen. Grand Marnier etwas erwärmen und die eingeweichte und gut ausgedrückte Gelatine darin auflösen, zu der aufgeschlagenen Crème fraîche geben und die Eiweiße unterheben.
3. In einer Sauteuse von circa 16 cm Durchmesser die Butter mit dem Zucker unter ständigem Rühren zu einem mittelbraunen Karamell kochen. Löffelweise die Hälfte des Orangensafts unterrühren. Die noch heiße Flüssigkeit mit dem Eigelb im Mixer aufschlagen, dann den restlichen Orangensaft zusammen mit den abgeriebenen Schalen damit vermixen und zum Schluss den Orangenlikör einrühren. Die Orangenfilets in dem Likör kurz erhitzen und zu der Sauce geben.

FERTIGSTELLUNG

Crêpes füllen, zusammenrollen. Mit einem Messer halbieren, etwas versetzt auf leicht angewärmte Teller legen, Orangenfilets mit etwas warmer Sauce seitlich davon arrangieren und alles mit etwas Puderzucker bestreuen.

TIPPS

★ ***Backen Sie die Crêpes so dünn wie möglich und stapeln Sie sie übereinander, bis alle gebacken sind, so bleiben sie weich und warm.***

★ ***Die Orangen müssen ungespritzt sein und sollten einen schönen, vollen Geschmack haben.***

BAYERN CONTRA ELSASS, ODER: WER IST DER ERFINDER DES SAUERKRAUTS?

»The krauts« – so nannten die amerikanischen GIs während des letzten Weltkriegs etwas verächtlich die deutschen Soldaten. Denn jeder Amerikaner wusste doch, dass sich alle Deutschen fast ausschließlich von Sauerkraut ernähren. Insofern ist es durchaus verständlich und lobenswert, dass die Amerikaner den Deutschen nach dem Krieg ihre verfeinerte Esskultur beibrachten. Vielleicht sollte man die Amerikaner jetzt »The Hamburgers« nennen ...

Zurück zum Sauerkraut: Wenn es auch nicht unbedingt die Hauptnahrung eines jeden Deutschen ist, wie unsere amerikanischen Freunde annahmen, so ist es doch zumindest in Bayern so eine Art Nationalspeise. Aber nicht die Bayern haben das Sauerkraut erfunden, sondern die Chinesen: Schon im dritten Jahrhundert vor Christus bekamen die chinesischen

Kulis, als sie die Große Mauer bauten, Sauerkraut mit Reis zu essen. Das Sauerkraut mit seinen vielen Vitaminen sollte ihnen Kraft schenken und sie vor Krankheiten wie Grippe oder Skorbut schützen. Allerdings schmeckte das chinesische Sauerkraut wohl nicht so ganz wie unsere heutige Speise, denn es wurde damals mit Reisschnaps fermentiert.

Rund anderthalb Jahrtausende später brachten dann offenbar die Mongolen den Kohl mit nach Europa – und dabei geriet er wohl auch irgendwie nach Bayern. Und damit kommen wir zu der großen historischen Rolle der Bayern in der Welt der Kochkunst: Sie entwickelten nämlich im 16. Jahrhundert eine neue Art der Fermentation, und zwar nur mit Salz. Eine Herstellungstechnik, die sich inzwischen weltweit durchgesetzt hat. Nicht nur das: Auch der Name »Sauerkraut« entstand hier in bayerischen Landen. Da sage noch einmal einer, die bayerische Küche habe keine internationale Bedeutung!

Im 19. Jahrhundert wanderte das Sauerkraut von Bayern ins Elsass, wo aus dem Sauerkraut zuerst das »Surkrut« und dann schließlich die elsässische Nationalspeise »choucroute« wurde.

Und jetzt muss ich den Bayern schonend etwas beibringen. Bayern ist sicherlich ein hervorragendes Land mit außergewöhnlichen Eigenschaften. Aber – ich wage es kaum laut zu sagen – das beste Sauerkraut gibt es heutzutage nicht in Bayern, sondern im Elsass. Denn dort hat man das bayerische Gericht durch neue Zutaten und eine raffiniertere Zubereitungsart verbessert.

Bevor ich aber jetzt kein Einreisevisum nach Bayern mehr bekomme, muss ich zur Ehrenrettung sagen: Die bayerische Küche ist durchaus besser als ihr Ruf. Inzwischen gibt es sogar eine ganze Menge von Sterneköchen, die Bayern bekochen.

ELSÄSSISCHE SAUERKRAUTPLATTE

(von Guy-Pierre Baumann)

Hier nun ein Rezept des berühmten Hauses Kammerzell in Straßburg, einem der schönsten spätgotischen Fachwerkhäuser Europas und damit dem von Touristen wohl meistfotografierten Objekt in Straßburg. Die Küche des Restaurant Maison Kammerzell mit ihren regionalen Speisen ist berühmt – nicht nur, aber auch für ihre typisch elsässische Spezialität: das Sauerkraut.

ZUTATEN

(für 8 Personen)

1,5 kg Sauerkraut
1 l Milch
3 Zwiebeln
4 Knoblauchzehen
400 g Räucherspeck
100 g Enten- oder Gänseschmalz
750 ml Riesling-Weißwein
Salz, Pfeffer aus der Mühle
3 Nelkennägel
10 Wacholderbeeren
2 TL Kümmel
10 Korianderbeeren
750 g Schweinerücken (demi-sel)
4 Paar Knack- oder Frankfurter Würste
1 Schulterstück vom Schwein (demi-sel)
1 geräuchertes Eisbein
8 Pellkartoffeln

ZUBEREITUNG

1. Das Sauerkraut zuerst mit kaltem Wasser waschen und sanft auspressen. Dann ein weiteres Mal waschen – diesmal in Milch. Abtropfen lassen und noch einmal sanft auspressen.

2. In einem Topf mit dickem Boden die kleingehackten Zwiebeln und zerquetschten Knoblauchzehen sowie die Speckseite (mit der fetten Seite nach oben) in dem Gänseschmalz etwas anrösten.
3. Den Topf vom Feuer nehmen und das aufgelockerte Sauerkraut, den Wein und ⅓ Liter Wasser dazugeben. Das Ganze gründlich salzen und mischen. Dann alle Gewürze in einem Leinensäckchen zusammen mit den verschiedenen Fleischarten auf das Sauerkraut legen.
4. Jetzt mit geschlossenem Deckel 1½ bis 2 Stunden sanft garkochen.
5. Mit den geschälten Pellkartoffeln servieren.

TIPPS

★ *__Kleiner Gag:__ Zum Schluss kann man unter das fertig gekochte Kraut etwas frisches Sauerkraut mischen – das ergibt einen verstärkten Geschmack.*

★ *Man kann in den letzten zehn Minuten des Kochens ein paar Weintrauben daruntermischen (vorher aber unbedingt die Kerne entfernen) und mitdünsten lassen.*

★ *Man sagt, Sauerkraut solle mindestens so lange kochen, wie die Morgenmesse dauert – aber es gibt auch Köche, die es eine ganze Nacht lang vor sich hin köcheln lassen.*

★ *Beim Einkauf darauf achten, dass es nicht zu »sanft« im Geschmack, sondern richtig durchgegoren ist. Am besten kauft man es beim Metzger aus dem Eimer.*

★ *Im Elsass geben manche Köche auch ein wenig Ingwer ins Sauerkraut – andere geschälte Äpfel oder Ananas.*

★ *Das Kraut einfach in Milch kochen!*

★ *__Für Snobs:__ Man kann auch im letzten Moment vor dem Servieren einen Schuss Champagner zufügen..*

LUCULLUS ZU GAST BEI LUCULLUS

Lucius Licinius Lucullus lebte von 117 bis 57 vor Christus. Er war ein berühmter römischer Senator und auch als Feldherr in vielen Schlachten erfolgreich. Dabei mehrte er aber nicht nur seinen Ruhm als Schlachtenlenker, sondern auch seinen Besitz: Als er aus den Schlachten heimkehrte, war er reicher als der römische Kaiser. Er baute sich prächtige Paläste, hatte eine unglaublich kostbare Bibliothek und führte ein verschwenderisches Leben. Die größten Geister Roms verkehrten bei ihm, Cicero, Cato und Gnaeus Pompeius waren seine Freunde.

Bekannt wurde er aber nicht nur als erfolgreicher Feldherr, sondern auch und vor allem durch seine üppigen Gastmähler. Er engagierte die besten Köche des Landes und über seine verschwenderischen Gelage sprach man im ganzen Römischen Reich. Lucullus war es auch, der die Kirsche, die Pfirsiche und Fasanen in Italien einführte – und um in einem seiner Paläste seine Fische in einem Meerwasserbassin halten zu können, ließ er einfach unter einem Berg hindurch einen Tunnel vom Meer zu diesem Bassin bauen. So ist es nicht verwunderlich, dass er in die Weltgeschichte weniger als großer General einging, sondern mehr als großer Feinschmecker.

Eines Tages servierte ihm sein Diener ein einfaches Essen. Auf seine Frage, warum diesmal das Essen so kärglich ausfalle, antwortete der Diener: »Aber wir haben doch heute keine Gäste, o Lucullus!«

Da tadelte ihn der große Lucullus und sagte: »Gerade deshalb, weil ich alleine bin, sollte meine Tafel besonders sorgfältig zubereitet werden. Weißt du nicht, dass heute Lucullus bei Lucullus zu Gast ist?«

»Essen ist eine Notwendigkeit –
aber essen Können ist eine Kunst.«

WIE FRANZOSEN EIN ENGLISCHES NATIONALGERICHT ERFUNDEN HABEN

Während der Schreckensherrschaft der Französischen Revolution flohen viele Adlige aus Frankreich nach England. Ihre Reichtümer konnten sie natürlich bei ihrer Flucht nicht mitnehmen. So lebten sie in London oft in ärmlichsten Verhältnissen und mussten zusehen, wie sie sich irgendwie durchschlugen.

Eines Tages kam einer dieser verarmten Adligen an einer Gerberei vorbei. Dort sah er, wie die Arbeiter die Schwänze von den zu verarbeitenden Ochsenhäuten abschnitten und sie achtlos wegwarfen. Er bat einen der Arbeiter, ihm doch die abgeschnittenen Schwänze zu überlassen, was dieser auch achselzuckend tat. Was sollte er auch sonst damit anstellen?

Zu Hause kochte sich der Franzose aus den Ochsenschwänzen ein Ragout, das so köstlich schmeckte, dass er einige Tage später ein paar Landsleute dazu einlud. Das Rezept sprach sich schnell unter den Emigranten herum – und bald gingen auch andere französische Adlige zu den Gerbereien und baten um Ochsenschwänze.

Sehr bald stellten sie auch fest, dass man aus diesem Fleisch nicht nur ein Ragout, sondern auch eine hervorragende Suppe zubereiten konnte. Irgendwann kamen die Arbeiter der Gerberei natürlich dahinter, welches Geschäft man hier machen konnte. Von da an verschenkten sie diese »Abfälle« leider nicht mehr, sondern verkauften sie – aber immerhin nur für wenig Geld.

Nach dem Ende der Schreckensherrschaft kehrten die meisten Adligen wieder nach Paris zurück. Sie brachten das Rezept zur Zubereitung der Ochsenschwanz-Suppe mit in ihr Heimatland. Bald war diese in den vornehmen Pariser Lokalen ein fester Bestandteil der Speisekarten.

Später, im Laufe des 19. Jahrhunderts, arbeiteten dann viele französische Köche in England, wo man in der feinen Gesellschaft die französische Kochkunst sehr schätzte. Sie brachten dabei natürlich auch das Rezept der Ochsenschwanzsuppe mit.

Die Engländer werden es zwar nicht gerne hören – aber es ist eine Tatsache: Die typisch englische »Oxtail-Soup«, auf der Insel fast so etwas wie ein Nationalgericht, oft liebevoll »O-Soup« genannt – sie ist eine Entdeckung ausgerechnet ihrer französischen Rivalen vom Kontinent!

GEFÜLLTER OCHSENSCHWANZ

Ein Rezept von HEINZ WINKLER

Heinz Winkler hat uns hier ein etwas anspruchsvolleres Rezept für einen Ochsenschwanz zur Verfügung gestellt. Das sehen Sie schon an der Länge der Beschreibung und der Menge an Zutaten – und zu allem Überfluss muss man mit der Vorbereitung auch noch am Vortag beginnen.

Ich hoffe, Sie lassen sich dadurch nicht entmutigen und planen irgendwann einmal ein Wochenende ein, um dieses Gericht auszuprobieren – also gewissermaßen für zwei Tage Sternekoch zu spielen und auf Grundlage eines einfachen Ochsenschwanzes eine perfekte Geschmacksharmonie zu zaubern. Sie werden auch sehen, warum jede der vielen Zutaten wichtig ist, um diese Harmonie zu erzeugen. Es wird Arbeit sein – aber Ihre Gäste am Sonntagabend werden es Ihnen danken.

Denken Sie rechtzeitig daran, den Metzger zu bitten, Ochsenschwänze unzerteilt für Sie aufzuheben. Sie müssen sie zu Hause behutsam durchtrennen, so dass keine Knochensplitter im Fleisch stecken bleiben.

ZUTATEN

(für 4 Personen)

Ochsenschwanz

2 Ochsenschwänze

Öl zum Anbraten

500 ml Brühe

Marinade

30 g rote Zwiebeln

150 g Staudensellerie

200 g Karotten

2 Lorbeerblätter

3 EL Pfefferkörner

3 Thymianzweige

3 Nelken

10 Petersilienstängel

1 Knoblauchzehe, ungeschält

40 ml Olivenöl

1,5 l Rotwein

Sauce

10 g getrocknete Steinpilze

400 g Tomatenfleisch

130 g Butter

1 l brauner Kalbsfond (Jus)

Salz

Grießfüllung

0,5 l Milch

50 g Butter

Salz, Muskatnuss

100 g Grieß

2 Eigelb

2 EL Parmesan, gerieben

Garnitur

150 g Frühlingszwiebeln, geputzt

150 g Blumenkohl, geputzt, in kleinen Röschen

150 g junge Karotten, geputzt

Salz

ZUBEREITUNG

1. Die Ochsenschwänze in die einzelnen Glieder teilen, indem man sie zwischen den Wirbeln mit einem schweren, scharfen Messer durchschneidet. Nebeneinander in ein passendes Gefäß setzen und mit den Zutaten für die Marinade bedecken. (Rote Zwiebeln,

Staudensellerie und Karotten vorher putzen und in grobe Würfel schneiden.) Mindestens 12 Stunden marinieren.

2. Das Fleisch aus der Marinade nehmen und mit einem Tuch gut abtrocknen. Salzen. Die Marinadenflüssigkeit abpassieren und zur späteren Verwendung auf die Seite stellen. Das Gemüse gut abtropfen lassen.
3. Die Ochsenschwanzstücke in einer Pfanne mit etwas Öl anbraten, anschließend in einen großen Topf (mindestens 35 cm Durchmesser) oder einen Bräter setzen. Das Marinadengemüse ebenfalls anbraten und mit den Steinpilzen darüber verteilen. Das gewürfelte Tomatenfleisch in 30 g Butter ansautieren und ebenfalls zugeben. Mit dem Kalbsfond und der Marinadenflüssigkeit aufgießen und zugedeckt bei 200 °C im vorgeheizten Ofen garen.
4. Wenn das Fleisch so weich ist, dass es sich leicht vom Knochen löst (nach etwa 2 Stunden), herausnehmen und abkühlen lassen. Den Garsud abpassieren und in einem anderen Topf auf circa 0,5 l Flüssigkeit einkochen. Mit der restlichen Butter binden und mit Salz abschmecken.
5. Mit einem spitzen Messer die Knochen auslösen, ohne den äußeren Rand des Fleisches zu durchtrennen. Die Fleischteile nebeneinander in eine große flache Kasserolle setzen.
6. Die Milch mit Butter, Salz und Muskat zum Kochen bringen. Den Grieß langsam einstreuen. Unter ständigem Rühren gut ausquellen lassen. Vom Herd nehmen und die Eigelbe mit dem Käse einrühren. Die Fleischringe in der Kasserolle mittels eines Spritzbeutels ohne Tülle mit dem Grieß füllen.
7. Die Gemüse, jeweils für sich, in wenig Salzwasser garen, abgießen und über das Fleisch verteilen.

FERTIGSTELLUNG

Die Brühe zu den Fleischstückchen in die Kasserolle geben und diese zugedeckt für etwa 10 Minuten in den auf 200 °C vorgeheizten Ofen schieben, um die gefüllten Ochsenschwänze mit dem Gemüse zu erhitzen.

Anschließend auf vorgewärmten Tellern anrichten und mit der heißen Sauce übergießen.

»Jedes Volk hat zwei Küchen:
die französische und seine eigene.«

KAISER NAPOLEON UND DAS ESSEN – EIN KAPITEL FÜR SICH

Napoleon hat nie für sich in Anspruch genommen, ein großer Gourmet zu sein. Einmal sagte er zu seinen Gästen: »Wenn Sie gut essen wollen, dann müssen Sie zu Cambacérès gehen!« (Cambacérès war sein Kanzler). Trotzdem gibt es viele kulinarische Geschichten über ihn – hier sind sie:

NAPOLEONISCHE UNGEDULD

Napoleon war ein schlechter Esser. Nur ungern ließ sich der arbeitswütige Korse durch lästige Nahrungsaufnahme von seiner Arbeit abhalten. Meist wurde ihm deshalb einfach ein kleiner Beistelltisch mit Speisen in sein Arbeitszimmer gestellt – und wenn er Lust hatte, trat er an den Tisch und aß einfach wild drauflos, ohne sich dabei an irgendeine Reihenfolge zu halten.

Dabei verschmähte er übrigens die Gabel: Er tunkte sein Brot in die Sauce und hinterließ meist ein unglaublich bekleckertes Tischtuch. Selten dauerte ein Mahl bei ihm länger als eine Viertelstunde. Selbst später, als er Kaiser war und hin und wieder eine offizielle Einladung geben musste, blieb er nie länger als eine halbe Stunde am Tisch.

Gleichzeitig war er – wie in allen Dingen – auch beim Essen äußerst ungeduldig. Seine Köche waren also immer darauf vorbereitet, ihm jederzeit ganz schnell etwas servieren zu können – und natürlich sollte es dann möglichst frisch zubereitet sein. Man erzählt sich, die armen Köche hätten eines Tages nacheinander 23 Hühner gegrillt, bis Napoleon endlich nach einer Speise verlangte.

DREI KÖNIGE ALS DIENER

Fürst Metternich war einmal zu einem Jagdessen bei Napoleon eingeladen – und er erzählte anschließend eine amüsante Geschichte: Als das Essen nicht sofort kam, wurde Napoleon ungeduldig. Er sagte zu seinem Bruder Louis, den er zum König von Holland ernannt hatte: »König von Holland, schau mal nach, warum uns noch nicht serviert wird!«

Sofort sprang Louis auf und rannte in die Küche – aber seine Intervention blieb ohne Ergebnis. Daher sagte Napoleon wenige Minuten später zu seinem Schwager Joachim, den er zum König von Neapel gemacht hatte: »König von Neapel, sag in der Küche Bescheid, dass wir aufs Essen warten und dass sie sich beeilen sollen!«

Joachim lief in die Küche – aber ohne großen Erfolg. Schließlich war Napoleon es leid. Er bat seinen Bruder Joseph: »König von Spanien – geh in die Küche und sage ihnen, man möge das auftragen, was fertig ist – und zwar sofort!«

Und Bruder Joseph hatte mehr Erfolg als seine Vorgänger – als er zurückkam, begleiteten ihn die Köche mit den ersehnten Speisen.

Metternich hatte diese Szene fasziniert beobachtet und sagte später: »Was für ein außergewöhnlicher Mann, der sich das stolze Vergnügen leisten kann, nacheinander drei Könige in die Küche zu schicken, um zu sehen, ob sein Essen gar ist!«

DAS FÜNFTE OMELETT

Viele Könige, Künstler und Wissenschaftler in Frankreich haben sich gerne als Hobbyköche betätigt. Nicht so Napoleon. Er war – wie wir wissen – nicht nur ein schlechter Esser, sondern er hat auch nie versucht, selber zu kochen. Besser gesagt: fast nie. Denn einmal hat ihn der Baron von Méneval dabei überrascht, wie er in der Küche unter Anleitung seiner damaligen Gattin Marie-Louise von Österreich versuchte, Omeletts zuzubereiten. Angeblich war es ihm dabei sogar gelungen, vier Omeletts nacheinander in die Luft zu werfen, um sie zu wenden und dann mit der Pfanne wieder aufzufangen. Beim fünften Versuch allerdings ging diese Operation schief – das Omelett landete auf dem Boden.

Dieses kleine, durch die Indiskretion des Barons von Méneval bekannt gewordene Missgeschick scheint den Herrscher sehr gewurmt zu haben, denn er hat es nie vergessen. Als er Jahre später 1812 aus dem brennenden Moskau flüchten musste und sich damit seine endgültige Niederlage abzeichnete, soll er mit einem nachdenklichen Blick zurück auf die brennende Stadt zu seinem Marschall Ney gesagt haben: »Ich glaube, das hier ist mein fünftes Omelett ...«

NAPOLEONS MAGENSCHMERZEN

Auf Portraits sieht man Napoleon oft in einer ganz typischen Pose: Die rechte Hand in die Knopfleiste seiner Uniformjacke gesteckt. Diese Haltung wirkt herrisch – aber wahrscheinlich hat sie eine ganz banale Ursache. Man nimmt nämlich an, dass der Kaiser oft instinktiv mit seiner Handfläche auf seinen Magen drückte, um Schmerzen zu dämpfen. Kein Wunder bei seinen schlechten Essgewohnheiten, dass Napoleon es offenbar häufig mit Bauchweh zu tun hatte. Diese häufigen Beschwerden – so seltsam es klingt! – waren auch zumindest mit schuld an seinem Untergang.

Ganz schlimm erwischte es den Kaiser nämlich nach der sogenannten Völkerschlacht von Leipzig. Damals hatten sich die Truppen von Russland, Preußen, Österreich, Schweden und anderen europäischen Staaten zusammengetan, um Napoleon endlich in einer großen Entscheidungsschlacht zu besiegen. Die darauffolgende Schlacht war bis dahin wohl eine der größten, die die Welt je gesehen hatte. Nahezu 100 000 der 600 000 Soldaten, die aus über zwölf Ländern zusammengekommen waren, wurden bei der Auseinandersetzung verwundet oder getötet. Jeder, der in der Schule aufgepasst hat, weiß, wie die Schlacht ausging: Napoleons Truppen wurden entscheidend geschlagen und mussten infolgedessen den Rückzug aus Deutschland antreten.

Dabei sah es zunächst so aus, als würde Napoleon wieder einmal siegen: Die europäische Koalition war fast schon geschlagen und floh in Richtung Böhmen. Napoleon befahl dem General Vandamme, sofort nachzusetzen – er selber wollte warten, bis seine Magenschmerzen etwas nachließen und dann mit seinen ausgeruhten Soldaten zur endgültigen Schlacht dazustoßen. Am Vorabend hatte er nämlich dummerweise ein Ragout gegessen, ohne darauf zu achten, dass darin Knoblauch verarbeitet war. Der Genuss von Knoblauch aber drückte bei ihm jedes Mal unerträglich auf den Magen.

So nahm das Unheil seinen Lauf: Während Napoleon auf seinem Feldbett lag (und übrigens fest davon überzeugt war, dass man ihn vergiftet hatte!), stand General Vandamme plötzlich in der Gegend der böhmischen Städte Kulm und Nollendorf einer großen feindlichen Armee gegenüber, darunter rund 10 000 ausgeruhte russische Kosaken.

Ohne die Hilfe des Hauptheeres standen die Franzosen trotz aller Tapferkeit auf verlorenem Posten. Zwei Tage dauerten die Gefechte an, dann war das französische Heer geschlagen – der Anfang vom Ende der napoleonischen Herrschaft. Das Kriegsglück hatte ihn endgültig verlassen.

Übrigens: Auch bei der legendären Schlacht von Waterloo, die zwei Jahre später seinen endgültigen Untergang besiegelte, soll der Feldherr wieder starke Magenschmerzen verspürt haben, die seine Konzentrationsfähigkeit beeinträchtigten. Wer weiß, wie die Weltgeschichte verlaufen wäre, wenn Napoleon ein besserer Esser gewesen wäre, dadurch keine Magenprobleme gehabt und dank seiner genialen Feldherrenkunst die Schlacht von Waterloo doch noch gewonnen hätte ...

In seinem Exil auf St. Helena ist er schließlich später auch an Magenkrebs gestorben – obwohl es immer noch Historiker gibt, die daran glauben möchten, er sei von seinen englischen Bewachern langsam mit Rattengift vergiftet worden. Aber diese Idee entspringt wahrscheinlich nur dem alten französischen Misstrauen gegenüber den Engländern – einem Misstrauen, das auch heute trotz des Kanaltunnels immer noch nicht ganz verschwunden ist.

DAS »HUHN MARENGO«

Trotz seines offensichtlichen Desinteresses an guter Küche verdanken wir dem kleinen großen Franzosen indirekt dennoch ein bekanntes Gericht – das Huhn Marengo. Man weiß genau, an welchem Tag dieses Gericht entstand, nämlich am 14. Juni 1800 während des italienischen Feldzugs.

Der damalige erste Konsul und General Bonaparte hatte gerade in der Nähe der piemontesischen Stadt Marengo eine Schlacht gegen die Österreicher gewonnen – seine erste große, bedeutende Schlacht als Feldherr. Allerdings wird er sie trotzdem nicht in ungetrübter Erinnerung behalten haben, denn er verlor in der Schlacht seinen guten Freund Desaix, der ihm als General gedient hatte und der es eigentlich war, der die schon fast verloren geglaubte Schlacht mit seinem Wagemut aus dem

Feuer gerissen hat. Und um das Maß voll zu machen, erfuhr Napoleon ausgerechnet an diesem Tag, dass ihn seine Gemahlin Josephine in Paris laufend betrog.

Am Abend nach der Schlacht verlangte Napoleon zu essen. Dummerweise aber hatten ihm die Österreicher seine Verpflegungswagen geraubt, und so war der Koch, Monsieur Dunan, zuerst ratlos. Er hatte gerade noch eine Flasche Cognac zur Hand, aber das war auch alles. Keine Lebensmittel, keinen Ofen, nichts. Und der General wollte essen, und zwar wie immer sofort. Dunan selber hat die Situation später in einem Brief so beschrieben:

»In aller Eile schickte ich ein paar Soldaten los, um Lebensmittel zu besorgen ... und das ist es, was sie mir brachten: der eine drei Eier, der zweite vier Tomaten und Knoblauch, der dritte eine Flasche Olivenöl und sechs Krebse und der Letzte schließlich ein junges Huhn. Da ich weder Butter noch Zwiebeln hatte, habe ich die Teile des Huhns in Öl gebraten, die Tomaten geschält und dazugegeben, ebenso wie die Krebse. Da ich keinen Wein zur Verfügung hatte, habe ich ein paar Tropfen Cognac aus der Feldflasche in die Sauce gegeben. Nachdem das Gericht auf dem Teller angerichtet war, habe ich noch drei Eier in Öl gebraten und das Huhn damit bedeckt.«

Napoleon, gut gelaunt, weil er die Schlacht gewonnen hatte, sagte nach dem Genuss der so improvisierten Speise: »Dunan, in Zukunft machst du mir so ein Huhn nach jeder gewonnenen Schlacht!«

Inzwischen ist das Huhn Marengo ein fester Bestandteil der französischen Küche geworden, wobei man es inzwischen natürlich etwas verfeinert hat.

HUHN MARENGO

ZUTATEN

(für 4 Personen)

1 Poularde von 1,5 kg
Salz, Pfeffer
3 EL Olivenöl
3 kleingehackte Schalotten
3 geschälte, entkernte und zerkleinerte Tomaten
wenn man will auch zwei Knoblauchzehen
250 ml trockener Weißwein
250 ml Fleischbrühe
etwas kleingehackte Petersilie
1 Bouquet garni (z. B. 2 Lorbeerblätter, 1 Stiel Petersilie, 1 Zweig Thymian und 1 Zweig Rosmarin)
1 EL Mehl
200 g Champignonköpfe

ZUBEREITUNG

1. Brust, Schenkel und Flügel der Poularde in 8 Stücke zerlegen, mit Salz und Pfeffer würzen und dann im Olivenöl kräftig anbraten. Wenn sie richtig schön rundum goldbraun sind, warm stellen.
2. Das Öl bis auf einen Rest abgießen, die Schalotten und Tomaten im Ölrest zergehen lassen, dann den Weißwein und die Fleischbrühe ebenso wie etwas Petersilie und das Bouquet garni dazugeben.
3. Das Ganze zuerst einmal 60 Minuten vor sich hin köcheln lassen und dabei die Flüssigkeit um etwa ein Drittel reduzieren.
4. Nun das zerteilte Huhn dazugeben und weitere 30 Minuten dünsten lassen. Wer mag, kann die Sauce noch mit etwas Mehlbutter binden.
5. Zum Schluss die Champignons hinzufügen und das Ganze noch einmal richtig warm werden lassen – ohne dass es aber zum Kochen kommt.
6. Man serviert auf einem Teller, garniert mit der restlichen Petersilie.

SPARGELZEIT, ODER: ALLES IN BUTTER

Der Philosoph Bernard de Bovier le Fontenelle, der im 18. Jahrhundert lebte, war ein großer Feinschmecker. Und weil es für einen wahren Gourmet kein größeres Vergnügen gibt als ein gutes Essen mit einem guten Freund zu teilen, lud er regelmäßig einmal in der Woche seinen besten Freund, den Abbé Jean Terrason, zum Essen ein.

Fast immer hatten die beiden Freunde den gleichen Geschmack, liebten die gleichen Speisen und die gleichen Weine. Nur einmal im Jahr, nämlich zur Spargelzeit, gab es regelmäßig heftige Diskussionen: Der Priester nämlich aß seinen Spargel nur mit einer einfachen Sauce Vinaigrette, alles andere empfand er als eine Beleidigung gegenüber dem edlen Spargel-Geschmack. Fontenelle hingegen schwor auf ausgelassene und geklärte Butter, mit einem gekochten Eigelb gebunden und mit einem Spritzer Zitronensaft verfeinert. Es war jene Sauce, die noch heute seinen Namen trägt.

Also gab es nur eine Lösung: Wenn der Abbé zum Spargelessen eingeladen wurde, dann musste die Küche eben zwei verschiedene Saucen zubereiten – eine nach dem Geschmack des Gastes und eine andere nach dem Geschmack des Gastgebers.

So geschah es auch an jenem Tag im März des Jahres 1757. Es war Spargelzeit und Fontenelle hatte für den Abend einen herrlichen, frischen Spargel von der ersten Ernte des Jahres besorgen lassen. Er freute sich ungeheuer auf diese Premiere – schade nur, dachte er, dass ein Teil dieses Spargels nur mit einer nichtssagenden Vinaigrette gegessen werden würde, denn er hatte es sich nicht nehmen lassen, an diesem Abend seinen Freund einzuladen.

Der Abbé, inzwischen schon ein recht betagter Herr, kam am Abend gutgelaunt an – voller Vorfreude auf das gute Mahl. Aber als er sich gerade zu Tisch setzen wollte, erlitt er einen Schlaganfall und starb. Glaubt man der Legende, so sprang Fontenelle auf und rief seinem Küchenmeister zu: »Schnell – alles in Butter!«

Vielleicht ist diese Geschichte etwas makaber – aber gibt es einen schöneren Tod als den voller Vorfreude auf einen Genuss?

Die Tante des berühmten Ess-Philosophen Brillat-Savarin bewahrte sich ihre Freude am guten Essen bis ins biblische Alter. Kurz vor ihrem hundertsten Geburtstag hatte sie gerade wieder einmal hervorragend und in bester Laune den Hauptgang eines ausgiebigen Mahls genossen, als sie plötzlich heftig nach ihrer Dienerin läutete.

»Beeile dich«, sagte sie zu ihr. »Bring mir schnell das Dessert – ich spüre, dass ich bald meine Seele aufgeben werde!«

VORSPEISE: CASSOLETTE VON WEISSEM SPARGEL
MIT KAVIAR

Ein Rezept von HEINZ WINKLER

ZUTATEN
(für 4 Personen)

600 g weißer Spargel
Saft von einer Zitrone
Salz
1 Prise Zucker
1 Scheibe Weißbrot

Champagnersauce
100 ml Weißwein
2 EL Noilly Prat (Wermut)
500 ml Fischfond
250 g Crème double
20 g Butter
2 EL Champagner
12 Wachteleier
4 EL Osietra-Kaviar
8 Blätter Portulak

ZUBEREITUNG

1. Den Spargel gründlich schälen. In einem großen Topf etwa 2 l Wasser mit Zitronensaft, Salz und Zucker sowie dem Weißbrot zum Kochen bringen. Den Spargel ins Wasser legen und 8 bis 10 Minuten sprudelnd kochen lassen.
2. Danach den Spargel mit einem Schaumlöffel aus dem Wasser heben und gut abtropfen lassen.

3. Anschließend in ca. 4 cm lange Stücke schneiden.
4. Für die Champagnersauce Weißwein und Noilly Prat aufkochen, mit Fischfond auffüllen und auf ein Viertel reduzieren. Crème double, Butter und Champagner zugeben und weitere 10 Minuten kochen. Passieren und im Mixer aufschlagen. Wachteleier aufbrechen und in Salzwasser pochieren.

FERTIGSTELLUNG

Den Spargel auf vorgewärmten Tellern anrichten, dazwischen die Wachteleier legen und mit der Champagnersauce nappieren. Mit Kaviar und Portulak anrichten.

> ***»Das Vergnügen der Tafel gehört jedem Alter, allen Ständen, allen Ländern und allen Tagen an; es verträgt sich mit allen anderen Vergnügungen und bleibt bis ans Ende, um uns über den Verlust der übrigen zu trösten.«***
>
> Jean Anthelme Brillat-Savarin

EINE ZUGVERSPÄTUNG, DIE KÜCHENGESCHICHTE SCHRIEB

Der Zufall spielt bei einer Reihe von bedeutenden Entdeckungen und Erfindungen eine große Rolle. Isaac Newton zum Beispiel kam auf die Idee mit der Schwerkraft, als sich in seinem Garten ein Apfel vom Baum löste und vor seine Füße fiel. Das Ergebnis quält bis heute viele Schüler und im Garten von Newton kann man immer noch den berühmten Apfelbaum besichtigen, der daran schuld ist.

Der Alchemist Johann Friedrich Böttger fand eines Tages auf seiner Perücke einen weißen Staub, der ungewöhnlich stark an den Haaren haften blieb. Offenbar war es kein Mehl. Er untersuchte den Stoff und fand heraus, dass es sich um Kaolin handelte. Böttger verriet Herzog August dem Starken den Fundort, der daraufhin die erste europäische Porzellanmanufaktur in Meißen gründete.

Auch in der Geschichte der Kochkunst war immer wieder der Zufall im Spiel – so auch bei der Entstehung des Rezepts für Pommes soufflées, einer beliebten Beigabe zum Beispiel für Geflügel und Fisch. Diese Spezialität verdankt ihre Entstehung nämlich einer Zugverspätung – so etwas gab es auch schon vor der Zeit der Deutschen Bahn.

Im vorigen Jahrhundert, genauer gesagt am 25. August 1837, war die Eisenbahnstrecke Paris – Le Pecq bis über die andere Seine-Seite nach Saint-Germain-en-Laye verlängert worden. Nun sollte diese letzte Teilstrecke endlich von Seiner Majestät Louis-Philippe und seiner Gemahlin, der Königin Marie-Amélie, eingeweiht werden. Natürlich war an diesem denkwürdigen Tag bei der Ankunft des Zuges am Zielort (neben großen Reden nach französischer Sitte) auch ein großes Festmenü geplant. Unter anderem sollte es Filet de bœuf mit frittierten Kartoffelscheiben geben.

Der Koch namens Collinet, der das Buffet für die hohen Gäste angerichtet hatte, bereitete die Fritten so vor, dass sie genau zur Zeit ihrer Ankunft hätten gar sein sollen. Doch da passierte etwas Schreckliches: Auf einer Steigung der Strecke drehten die Räder der Lokomotive durch und der Zug kam einfach nicht bis nach oben. Also hieß es zunächst: Zurück zum Ausgangsbahnhof, um dort eine zusätzliche zweite Lokomotive zu besorgen. In letzter Minute hatte ein Ingenieur die geniale Idee (die eigentlich nichts mehr war als gesunder Menschenverstand), einige Wagen abzukuppeln und den »Aufstieg« nur mit dem halben Zug zu machen. Diesmal klappte es, und trotzdem verspätete sich der Zug durch dieses ganze Theater – nicht sehr, aber immerhin genug, um die Fritten erkalten zu lassen.

Als dann endlich der Maître d'hôtel in die Küche gelaufen kam und rief: »Der Zug kommt, er ist gleich da!«, geriet Collinet in Panik: Er konnte doch dem König keine kalten Fritten anbieten! Mit dem Mut der Verzweiflung warf er die Fritten erneut ins Öl, als die Festgesellschaft endlich eintraf und Seine Hoheit unter den Klängen der örtlichen Fanfarenkapelle den Saal betrat.

Und da geschah das Unglaubliche: Die Fritten blähten sich auf – und als der ängstliche Koch eine davon probierte, musste er feststellen, dass sie hervorragend schmeckte. Denn aus lauter Zufall hatte er die richtige Kartoffelsorte gewählt und seine Küchenhilfe hatte zu allem Überfluss auch noch aus Nachlässigkeit das heiße Öl weiter erhitzt. Ohne diese beiden Zufälle hätte der König harte, missratene Fritten essen müssen – so aber waren per Zufall die Pommes soufflées geboren.

Seine Majestät genoss diese neue Spezialität mit sichtlichem Wohlbehagen und auch die Königin schenkte dem Koch ein gütiges Lächeln. Beobachter berichteten später, der König habe sogar zweimal nachgeordert!

POMMES DE TERRE SOUFFLÉES

Die Pommes de terre soufflées sind so etwas wie eine Weiterentwicklung der Fritten. Sie sind eine französische Erfindung – nicht aber die Fritten selber. Diese sind – so leid es mir für die Franzosen tut – keine französische Erfindung. Es waren die Belgier, genauer gesagt die Lütticher, die zum ersten Mal auf die Idee kamen, Fritten herzustellen. Denn in Lüttich hat man schon zu Urzeiten kleine Fische frittiert – bis dann irgendwann im Winter, als es keine Fische gab, ein findiger Bürger auf die Idee kam, die Kartoffeln in kleine »Fischchen« zu schneiden und diese dann zu frittieren. Anstelle der Poissons frites gab es also Pommes frites.

ZUTATEN

(für 4 Personen)

4 große Kartoffeln mit festem, mehligkochendem gelben Fleisch (Holländische Kartoffeln)
1 l Pflanzen- oder Nierenfett

ZUBEREITUNG

1. Die Kartoffeln schälen und in 3 mm dicke Scheiben schneiden. Diese dann jeweils zu kleinen rechteckigen Stücken stutzen (etwa 3 mal 4 Zentimeter groß) und in einer Schüssel unter kaltem Wasser so lange abwaschen, bis das Wasser ganz klar wird. Dann sorgfältig abtrocknen (damit es beim Frittieren nicht spritzt!) und nebeneinander auf einem trockenen Leintuch ausbreiten.

2. Heutzutage wählt man meistens nicht mehr die »klassische« Frittenform, sondern nimmt etwa 2 bis 3 mm dünne Kartoffelscheiben. Jeweils 10 dieser Scheiben bei mittlerer Hitze (150–175 °C) in den Siebeinsatz einer Fritteuse geben und 3 bis 4 Minuten frittieren, bis sie goldgelb werden. Dann herausnehmen und 5 Minuten auf einem Küchenpapier abtropfen lassen. Gegebenenfalls in einem zweiten Gang weitere 10 Scheiben frittieren und trocknen lassen. Dann die goldgelben Scheiben noch einmal unter ständigem Schütteln des Siebeinsatzes in die jetzt auf 190 °C erhitzte Fritteuse geben. Nach und nach sollten sich jetzt die Scheiben aufblähen. Dann einzeln herausnehmen und wieder auf einen Teller legen (diesmal nicht wieder auf ein Leintuch, weil sie sonst wieder weich werden).
3. Man sollte sie bald servieren, solange sie heiß sind.
4. Erkaltete Chips kann man zur Not vor dem Servieren auch noch einmal in 130 °C heißes Fett geben und darin ein paar Minuten lang unter leichtem Rühren erhitzen.

WIE EINE SCHWEINSHAXE WELTGESCHICHTE MACHTE

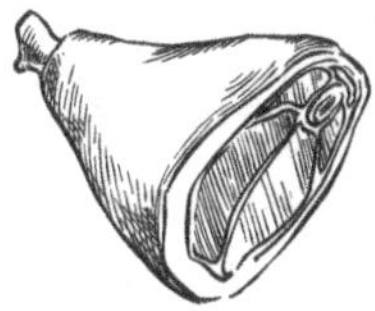

Es war der 20. Juni 1791 – ein Tag, der zum Schicksalstag für die Monarchie in Frankreich werden sollte. In den frühen Morgenstunden dieses Tages verließ eine Luxuskutsche mit verhängten Fenstern Paris: Seine Majestät Ludwig XVI. und seine Gemahlin Marie-Antoinette flohen mit ihren Kindern vor der Revolution in Richtung der kleinen Stadt Varennes.

Alles war bestens vorbereitet. Der schwedische Botschafter in Frankreich (und wahrscheinlich nebenher Marie-Antoinettes Liebhaber) Hans Axel Graf von Fersen hatte die Flucht penibel geplant: Er hatte dafür sogar eigens unter fremdem Namen eine Kutsche für sechs Personen konstruieren lassen und parkte sie gut sichtbar auf seinem Hof in der Rue Matignon, damit man sich an ihren Anblick gewöhnen konnte, ohne misstrauisch zu werden.

Die Reiseroute war so geplant, dass man nur einmal anhalten musste, und zwar im Ort Sainte-Menehould, um die Pferde zu wechseln. Weil man den großen Appetit des Königs kannte, hatte der Graf von Fersen für einen ausreichenden Reiseproviant gesorgt: Bœuf à la mode, kaltes Kalbfleisch und eine Bouillon waren nachweislich mit im Reisegepäck. Es gab sogar ein Loch im Sitz Seiner Majestät, damit man auch wirklich wegen keines menschlichen Bedürfnisses anhalten musste. Am Abend – so sah es der Fluchtplan vor – sollten die königlichen Reisenden dann in der Nähe von Varennes auf dort wartende königstreue Soldaten treffen, die den Auftrag hatten, den König sicher in den Schutz der Rheinarmee nach Koblenz zu bringen.

Jedes Schulkind in Frankreich weiß, wie die Geschichte ausging: Die königliche Karawane erreichte die vereinbarte Stelle erst mit drei Stunden Verspätung und traf die Soldaten nicht mehr an. Denn diese waren nach zwei Stunden Wartezeit zurück nach Koblenz geritten – weil sie fürchteten, dass die Flucht misslungen war. So musste die Königsfamilie also in Varennes übernachten – und dort wurde sie kurz nach ihrem Eintreffen im Haus des Bürgers Sauce verhaftet.

Dummerweise nämlich hatte ein paar Stunden vorher der Sohn des Postmeisters von Sainte-Menehould, ein gewisser Drouet, die vornehme Reisegesellschaft aus Paris beobachtet, die da unverhofft in seine Station hereinschneite. Plötzlich sah er ein Gesicht, das er zwar noch nie in Natur gesehen hatte, das ihm aber wohlbekannt war: Es war auf der Rückseite jeder französischen Geldmünze abgebildet. Kein Zweifel – es war der König!

Der »Bürger Drouet«, wie es damals hieß, war ein Anhänger der Revolution. Er ritt der königlichen Kutsche voraus nach

Varennes und informierte dort den Bürgermeister über seine Entdeckung. Ludwig XVI., der inzwischen bei dem dadurch berühmt gewordenen Bürger Sauce für die Nacht Quartier genommen hatte, wurde gefangen genommen und nach Paris zurückgebracht.

So weit die verbürgte Geschichte. Die große Frage, die man sich immer wieder gestellt hat, war: Wieso war der König mit Verspätung in Varennes angekommen, obwohl der Graf von Fersen doch alles so schön ausgeklügelt hatte? Es gibt eine Antwort auf diese Frage – eine Antwort, die mit der größten Schwäche des Königs zusammenhängt – mit seinem Appetit!

Man weiß nicht, ob man diese allseits bekannte Esslust bewundern oder verachten, ob man darüber lachen oder sie tragisch finden soll. Schon vom 16-jährigen Ludwig ist eine Geschichte überliefert, die seine unbändige Fresslust dokumentiert. Sie spielt an seinem Hochzeitstag, an dem Tag also, an dem er die unglückliche Marie-Antoinette heiratete. Wie immer aß er am Abend ausgiebig – oder besser ausgedrückt: Er fraß. Er fraß so unmäßig, dass sein Großvater, Ludwig XV., zu ihm ging und ihm ins Ohr flüsterte, er möge doch an seinem Hochzeitstag seinen Magen nicht zu sehr beschweren. Worauf ihm sein Enkel lauthals antwortete: »Aber warum nicht? Wenn ich gut gegessen habe, dann schlafe ich einfach immer besser!«

Die Braut Marie-Antoinette soll angeblich nicht sehr erfreut gewesen sein über diese Aussage ihres frischvermählten Ehemanns.

Aber zurück zu jenem verhängnisvollen Tag des 20. Juni 1791. Was also war damals wirklich geschehen – wodurch kam es zu der tödlichen Verspätung? Wenn man dem Revolutionär Camille

Desmoulins Glauben schenken will, der diese Geschichte später genüsslich verbreitete, dann passierte auf dieser Flucht Folgendes: Der Plan war bekanntlich, mit der königlichen Karawane in der kleinen Stadt Sainte-Menehould nur kurz anzuhalten, um schnell die Pferde zu wechseln. Aber dieser Ort war schon damals berühmt für seine unvergleichlichen Schweinshaxen. Und so geschah das Unvermeidliche: Seine Majestät befahl in seiner ungeheuren Fresssucht, Rast zu machen und im »l'hôtel de Metz« Schweinshaxen zu bestellen.

Und wenn ein König diniert, dann dauert das.

Man dinierte drei Stunden – und damit drei Stunden zu lange. Denn ohne diese Rast wäre die königliche Familie an diesem Tag rechtzeitig in Varennes angekommen, der Sohn des Postmeisters hätte den König vielleicht gar nicht gesehen und ihn auch nicht an die Revolutionäre verraten können und Seine Majestät wäre dann wohl auch nicht gefangen genommen worden, sondern mit den auf ihn wartenden Soldaten zur Rheinarmee gestoßen, wäre dann an der Spitze seiner Armee nach Paris zurückgekehrt, die Royalisten hätten möglicherweise Paris zurückerobert und der König wäre nicht unter der Guillotine gelandet – kurz: Die ganze Weltgeschichte wäre vielleicht anders gelaufen.

Übrigens, dreimal dürfen Sie raten, was die erste Reaktion des Königs auf seine Verhaftung war. Richtig: Er bat darum, ob er etwas Käse mit Burgunderwein bekommen könne. Als die Revolutionäre ihn zurück nach Paris brachten, ließ er unterwegs zweimal halten, um etwas zu sich zu nehmen. Und später, noch am Abend vor seiner Hinrichtung, bat er darum, dass man ihm eine Suppe servieren möchte, damit er besser schlafen könne. War es eine lächerliche Fresssucht – oder bewundernswerte Kaltblütigkeit?

Es gibt Historiker, die diese ganze Geschichte anzweifeln. Wer weiß – vielleicht ist das Ganze tatsächlich nur eine böswillige Erfindung des Spötters Desmoulins – man wird es niemals genau wissen. Aber die Schweinshaxen von Saint-Menehould gibt es immer noch. Der Clou dabei ist, dass sie zwei Tage lang ganz langsam weichgekocht werden. Dadurch geht die Gelatine aus den Knochen ins Fleisch über und die kleineren Knochen werden so weich, dass man sie mitessen kann. Falls Sie also jemals durch den Ort kommen und nicht gerade ein König auf der Flucht sind: Halten Sie an und lassen Sie sich ein paar Stunden Zeit für eine Schweinshaxe Sainte-Menehoulder Art, die schon ein König – sozusagen – für sein Leben gerne aß.

Für alle diejenigen, die es interessiert, wie es mit dem König und seiner Frau weiterging: Auch in den folgenden Monaten der Gefangenschaft verging König Ludwig XVI. keinesfalls der Appetit. Und fairerweise muss man sagen, dass die Revolutionäre ihn zwar später erbarmungslos köpften – ihn aber bis dahin königlich versorgten: Drei Diener, 13 Mundschenke und fünf Köche sorgten für sein Wohl. In den wenigen Monaten bis zur Hinrichtung gab die Revolutionskasse 500 000 Pfund für die Verköstigung des Hofstaates aus.

Bei seinem ersten Verhör in der Konvention am 10. August 1791 kam es zu einem kleinen kulinarischen Zwischenfall: Der König sah, wie der Ankläger Chaumette ein Brot aß. Er bat mit leiser Stimme darum, ob er nicht ein Stück davon abbekommen könnte. Dem Ankläger war es unangenehm, dass der König ihm etwas zuflüsterte – was würden die anderen wohl denken, was es da zwischen den beiden zu flüstern gäbe? So forderte er den »Bürger Capot« auf, seine Frage mit lauter Stimme zu wiederholen – was dieser auch ungeniert tat. Es ist nicht überliefert, ob er das Stück Brot bekam.

Der König saß bei diesem Verhör in einer Loge. Von dort aus konnte er die Diskussion in der Revolutionsversammlung verfolgen, in der über sein Schicksal entschieden wurde. Um 16 Uhr brachte man einen Tisch in die Loge und servierte ihm etwas zu essen. Marie-Antoinette lief rot an – aber Seine Majestät aß und trank, als ob nichts wäre. Das Mahl ist überliefert: sechs Koteletts, ein Stück Huhn, Eier, zwei Glas Weißwein und ein Glas Alicante.

Der Maler Gérard hat diese historische Szene im Auftrag des Revolutionskomitees in einem Bild festgehalten: Man sieht darauf den König in seiner Loge sitzen, wie er mit beiden Händen ein großes Brathuhn an den Mund hält und gierig hineinbeißt. Als später die Revolution vorbei war und das Königshaus der Bourbonen wieder regierte, wurde Gérard zum Baron und Hofmaler ernannt – und übermalte schnell das Brathuhn. Und wenn Sie heute in den »Salles réservés« des Louvre dieses berühmte Bild betrachten, dann sehen Sie den königlichen Esser in würdevoller Pose – ohne Brathuhn.

Die Sainte-Menehoulder Schweinshaxe ist nicht jedermanns Geschmack – deshalb hier lieber das Rezept für eine Schweinshaxe nach bayerischer Art.

GESCHMORTE SCHWEINSHAXE
IN MALZBIER

ZUTATEN
(für 4 bis 6 Personen)

2 Schweinshaxen mit Schwarte
1 Flasche Malzbier
1 Karotte
1 Fenchelknolle
etwas Liebstöckel
1 Zwiebel
1 Schnitz Sellerie
2 EL Waldhonig
5 EL Butter
Salz/Pfefferkörner

ZUBEREITUNG

1. In die Schwarte mit einem scharfen Messer ein Rautenmuster einritzen. Dann die Schweinshaxen in einem geschlossenen Gefäß 8 Stunden in Malzbier einlegen. Alle Gemüse in Würfel schneiden und beilegen, ebenso Liebstöckel sowie etwas Salz und Pfeffer.
2. Die Schweinshaxen dann abtrocknen und danach in einer offenen Pfanne kurz rundum braun anbraten. Die Schweinshaxen dann mit dem vorher eingelegten Gemüse bestreuen und mit der Malzbierbeize angießen. Im nicht verschlossenen Bräter bei nur 130 °C Niedertemperatur 2 Stunden lang schmoren lassen. Danach die Schweinshaxen herausnehmen und warmstellen.
3. Das gegarte Gemüse mit dem Bratenfond durch ein Sieb geben und den so erhaltenen »Jus« unter Zugabe von Waldhonig und Butterstücken gut reduzieren.

Weinempfehlung: ein deftiges, kühles Bier!

DAS NIERENDUELL

Im Jahre 1815 wurde auf dem Boulevard des Italiens in Paris das berühmte Café Anglais, also das »Englische Café«, eröffnet. Schon wenige Jahre später wurde es unter der Leitung des Kochs Adolphe Dugléré zum gastronomischen Mittelpunkt der Hauptstadt. In den 22 Salons des Hauses speisten Könige und Prinzen, Schauspielerinnen und Bankiers, Schriftsteller wie Honoré de Balzac, Alfred de Musset, Alexandre Dumas und viele andere Berühmtheiten.

Der Höhepunkt im Reigen der berühmten Gäste des Café Anglais war sicherlich das bedeutende »Diner der drei Kaiser«. Am 7. Juli 1867 trafen sich hier Alexander II. von Russland, der Zarewitsch, und Wilhelm I. von Preußen zusammen mit dem »Eisernen Kanzler« Fürst von Bismarck zu einem achtstündigen(!) Essen.

Die Speisen im Café Anglais waren natürlich alle vom Feinsten – es gab keine ordinären Gerichte. Und ein Nierenbraten zum Beispiel galt damals als ordinär und war eigentlich unter dem Niveau des Hauses. Und doch: Eines Abends bestellte ein unbekannter Gast in dem geheiligten Esstempel ausgerechnet –

Kalbsnieren am Spieß! In der Küche gab es einige Verwirrung – wie sollte man reagieren? Aber für Dugléré war der Gast König – und so servierte man ihm bald das gewünschte Gericht.

Zufällig saß am Nebentisch ein bekannter Snob namens Napoléon d'Abrantès (Sohn des berühmten Generals Andoche Junot). Mit zunehmender Missbilligung hatte er die ganze Angelegenheit verfolgt – und als nun der Unbekannte begann, seine Nieren am Spieß genüsslich zu verzehren, hielt er es nicht mehr aus. Er rief nach dem Ober und sagte laut und deutlich, so dass man es an allen Nachbartischen hören konnte: »Bitte tragen Sie mein Gedeck dort hinten ans äußerste Ende des Saales. Ich möchte nicht in der Nähe von jemandem speisen, der dieses Zeug da zum Abendessen zu sich nimmt ...« Der Ober verneigte sich leicht und gehorchte.

Der Nierenliebhaber ließ sich durch diesen Skandal in seinem Genuss nicht stören. Er tat so, als ob er nichts bemerkt hätte, verzehrte in Seelenruhe sein Mahl, tupfte mit der Serviette seine Lippen ab, bezahlte und ging dann langsam zum Tisch des Napoléon d'Abrantès. Das Gemurmel im Speisesaal verstummte – alle waren gespannt, was nun passieren würde.

Der Mann verbeugte sich und sagte höflich, aber für alle im Saal zu vernehmen: »Mein Herr, Sie essen offenbar am Abend keine Nieren, wenn ich Sie recht verstanden habe. Sie haben wohl recht damit. Aber ... würde es Ihnen etwas ausmachen, sich morgen früh mit mir zu duellieren?«

Am nächsten Morgen wurde Napoléon d'Abrantès im Duell mit dem Nierenfreund von einem Degenstoß – nein, nicht in die Nieren, sondern nur die Brust durchbohrt und musste anschließend für drei Monate das Bett hüten.

KALBSNIEREN IN ROTWEINSOSSE

MIT PETERSILIENPÜREE

Ein Rezept von
HEINZ WINKLER

Kalbsnieren sollten am Schlachttag verarbeitet und gegessen werden. Sie entwickeln sonst rasch einen strengen Geschmack.

ZUTATEN

(für 4 Personen)

Rotweinsauce

300 g rote Zwiebeln
60 g Butter
1 Prise Zucker
1 Lorbeerblatt
1 kleiner Zweig Rosmarin
1 kleiner Zweig Thymian
2 Knoblauchzehen
10 g Pfefferkörner
250 ml Rotwein
500 ml brauner Kalbsfond
Salz
Pfeffer

Petersilienpüree

200 g krause Petersilie, gezupft
40 g Blattpetersilie, gezupft
50 g Spinat, ohne Stiele
1 Schalotte
50 g Butter
500 ml Crème double
Salz
Pfeffer

3–4 frische Nieren
20 g Butter
1 Schalotte

ZUBEREITUNG

1. In einem hohen Topf die geschälten und in grobe Würfel geschnittenen Zwiebeln mit 20 g Butter und einer Prise Zucker leicht glacieren. Kräuter und Gewürze beigeben, mit Rotwein ablöschen. Bei schwacher Hitze langsam auf ein Minimum reduzieren. Mit dem braunen Kalbsfond auffüllen und nochmals circa 20 Minuten kochen lassen. Abpassieren und die restliche Butter einschwenken. Mit Salz und Pfeffer würzen.
2. Petersilie und Spinat waschen, blanchieren und in Eiswasser abschrecken, gut ausdrücken und hacken. Die feingeschnittene und gewaschene Schalotte in 20 g Butter andünsten, ohne sie Farbe nehmen zu lassen. Petersilie und Spinat zugeben, mit Crème double aufgießen, aufkochen lassen und auf die Hälfte reduzieren. Alles im Mixer pürieren, mit Salz und Pfeffer abschmecken. Kurz vor dem Servieren die restlichen 20 g Butter zugeben und unter ständigem Rühren erhitzen.
3. Die Nieren in einzelne Nüsschen schneiden, dabei Fett und Harnstränge sorgfältig entfernen. In heißem Öl kurz ansautieren, auf einem Sieb das Fett abtropfen lassen. In derselben Pfanne die Butter erhitzen und die feingeschnittenen gewaschenen Schalotten darin anschwitzen, die Nieren nochmals darin ansautieren und mit Salz und Pfeffer würzen.

FERTIGSTELLUNG

Das Petersilienpüree in der Mitte des Tellers anrichten. Die Nieren kreisförmig um das Püree legen und mit der Sauce nappieren.

DIE QUAL, BEI KAISER FRANZ JOSEPH ZU TISCHE GELADEN ZU SEIN

Der österreichische Kaiser Franz Joseph war, ähnlich wie Napoleon, ein schneller Esser – und das sehr zum Leidwesen vieler junger Offiziere am Hofe. Die Sache war nämlich so: Der Kaiser war ein ausgesprochener Frühaufsteher und verlangte von seinen Leuten, dass sie entsprechend früh bei Hofe erscheinen mussten. Seine jungen Offiziere hingegen kamen meist erst spät ins Bett, weil sie den Verlockungen der schönen Stadt Wien nicht immer widerstehen konnten. Und so trafen sie oft in letzter Minute bei Hofe ein, ohne richtig gefrühstückt zu haben. Wenn sie dann mittags zur Tafel des Kaisers eingeladen wurden, fühlten sie sich zwar sehr geehrt, waren aber auch schon ziemlich ausgehungert.

Und jetzt kommt der verteufelte Haken an der ganzen Geschichte: Laut Etikette wurde dem Kaiser natürlich immer als

Erstem serviert, denn niemand durfte vor ihm mit dem Essen beginnen. So weit, so gut – aber auf der anderen Seite durfte leider auch keiner mehr weiteressen, sobald der Kaiser seine Gabel beiseitegelegt hatte und damit die Tafel aufhob. Und so kam es allzu oft vor, dass der Kaiser als schneller Esser schon die Tafel aufhob, bevor am Ende des Tisches überhaupt serviert war – und die hungrigen Offiziere mussten sich damit begnügen, mit knurrendem Magen einen sehnsüchtigen Blick auf die Speisen zu werfen, die schnell abserviert wurden. So war es zwar eine Ehre, aber oft auch eine Qual, an den Tisch des Kaisers gebeten zu werden.

Nicht selten gingen die jungen Herren anschließend ins bekannte Hotel Sacher, wo damals Anna Sacher – in ihrem berühmten Schneiderkostüm mit Spitzenjabots und mit einer dicken Zigarre im Mund – darüber wachte, dass alles wie am Schnürchen lief. Sie sorgte dann dafür, dass die jungen Herren Offiziere eine gute Hausmannskost erhielten und sich satt essen konnten.

Viele von ihnen blieben dann auch später, wenn sie Karriere gemacht hatten, Stammgäste im berühmten Hotel – allerdings nicht nur aus Dankbarkeit und wegen der Erinnerung an die gute Hausmannskost, sondern sicherlich auch wegen der Möglichkeit, sich dort in verschwiegenen Privatzimmern zu treffen, wo absolute Diskretion herrschte – auch dann, wenn es sich dabei nicht um geheime politische Verhandlungen drehte.

Wenn man von Kaiser Franz Joseph erzählt, denkt man unwillkürlich auch an den Kaiserschmarrn – jene bekannte österreichische Süßspeise. Wie so oft bei populären Gerichten gibt es auch für den Kaiserschmarrn viele Geschichten über die Entstehung des Namens.

Eine davon lautet, dass Kaiser Franz Josef I. auf seinem Sommerurlaub in Bad Ischl einen in Stücke zerrissenen Pfannkuchen serviert bekam und erstaunt und etwas ärgerlich fragte: »Was ist denn das für ein Schmarren?« – Man muss dazu wissen: Ein »Schmarren« – das ist österreichisch und heißt irgend so etwas wie »Unsinn«.

Eine andere Geschichte berichtet, der Hofpatissier habe diese Pfannkuchenart erfunden. Aber als das Gericht aufgetragen wurde, wollte Kaiserin Elisabeth, genannt »Sissi«, es nicht essen. Da soll ihr Gemahl, Seine Majestät Kaiser Franz Joseph gutgelaunt zum Patissier gesagt haben: »Na, dann geben's halt mir den Schmarrn!«

KAISERSCHMARRN »KLASSISCH«

Es gibt viele Arten, einen Kaiserschmarrn zuzubereiten. Hier zunächst eine ziemlich klassische Version.

ZUTATEN
(für 4 Personen)

2 EL Rosinen
4 EL Rum
4 Eigelb
3 EL Zucker
etwas Salz
500 ml Milch
etwas Vanilleextrakt
150 g gesiebtes Mehl
5 Eiweiß
60 g Butter
Puderzucker

ZUBEREITUNG

1. Die Rosinen ungefähr 30 Minuten im Rum einweichen, dann vorsichtig ausdrücken und trocknen lassen.
2. Eigelbe und Zucker mit einer Prise Salz so lange schlagen, bis eine dickflüssige Creme entsteht. Dann Milch, Vanilleextrakt und unter ständigem Rühren das Mehl dazugeben. Zum Schluss die Rosinen.
3. Die Eiweiße zu ganz steifem Schnee schlagen. (Nicht zu früh mit dem Schlagen aufhören – das Eiweiß muss richtig stehen bleiben, wenn man den Schneebesen herauszieht!) Diesen Eischnee nun ganz vorsichtig mit einem Spachtel unter die Grundmasse heben.
4. Nun schmilzt man 1 EL Butter in einer 20 cm großen Pfanne, gibt die Hälfte des Teigs hinein und lässt ihn etwa 4 Minuten lang über kleiner Flamme leicht an der Unterseite bräunen. Dann nimmt man

ihn vorsichtig aus der Pfanne, gibt wieder etwas Butter hinein und bräunt dann die andere Seite. Das Gleiche macht man mit der anderen Hälfte des Teigs, während die erste Hälfte warm gehalten wird.

5. Dann reißt man mit einer Gabel die beiden Teighälften zu je 7 oder 8 unregelmäßigen Stücken auseinander und brät alle Stücke noch einmal ein paar Minuten unter ständigem Wenden an.
6. Zum Schluss bestreut man die Stücke mit Puderzucker. Dazu serviert man ein Früchtekompott – zum Beispiel aus Äpfeln.

KAISERSCHMARRN – ETWAS ANDERS!

Als Schmankerl stelle ich Ihnen hier noch eine Variation vor, die zwar auf der gleichen Grundidee basiert, aber aus dem an und für sich einfachen Gericht eine ganz besondere Spezialität macht – ein kleines kulinarisches Erlebnis.

ZUTATEN

(für 4 Personen)

8 »Quetschen« (Zwetschgen)
8 Mirabellen
2 Birnen
80 ml Obstler
150 g gesiebtes Mehl
5 Eigelb
500 ml Milch
3 EL Zucker
60 g Butter
5 Eiweiß
3 EL geröstete Mandelblättchen
brauner Rohrzucker
Puderzucker

ZUBEREITUNG

1. Am Vortag die Früchte fein würfeln und einen Tag lang in Obstler einlegen.
2. Man verrührt Mehl, Eigelbe, Milch und Zucker zu einer cremigen Masse, erhitzt die Butter, gibt sie dazu und hebt das geschlagene Eiweiß vorsichtig unter.
3. Dann gießt man eine große gusseiserne Pfanne mit der Pfannkuchenmasse aus, gibt die eingelegten gewürfelten Früchte und Mandeln sowie reichlich braunen Rohrzucker darüber.
4. Man verteilt einige Butterflöckchen darüber und backt alles im Backofen bei Oberhitze goldbraun.
5. Abschließend alles mit Puderzucker bestreuen und servieren.

»Wenn einer sagt: ‚Es ist mir egal, wann und was ich esse', so verdient er mein Mitleid, weil er mit den schönsten Gaben Gottes nichts anzufangen weiß.«

Alfred Walterspiel

DER FEINE LORD MONTAGU

Lord John Montagu, Vierter Earl von Sandwich, lebte im 18. Jahrhundert. Als Mitglied der englischen Oberschicht besuchte er die besten Schulen, war offenbar ein glänzender Schüler und machte schließlich sehr schnell Karriere: Zuerst wurde er hoher Diplomat, dann für ein paar Jahre Marineminister, anschließend Staatsanwalt, Postminister und Staatsminister. Während seiner Zeit als Postminister gab es allerdings unerklärliche Defizite in der Postkasse, so dass er zurücktreten musste. Aber das schadete seiner Karriere keinesfalls. Schließlich wurde er sogar noch einmal für elf Jahre Marineminister – oder wie sich das im damaligen Königreich nannte: »Erster Lord der Admiralität«.

Das war der Höhepunkt seiner Karriere – die aber zum Schluss schließlich doch noch ziemlich kläglich endete. In den ersten Jahren ging noch alles gut, aber langsam stellte sich mehr und mehr heraus, dass der Lord seiner Aufgabe nicht gewachsen war. Viele Schiffe wurden schlecht ausgerüstet und nicht seetüchtig in den Krieg geschickt. Immer mehr häuften sich Fälle von Korruption und Betrug. Der Earl of Sandwich wurde unpopulärer und musste schließlich entlassen werden.

Er ging aber nicht nur – wenig ruhmreich – in die politische Geschichte Englands ein, sondern auch in die Kriminalgeschichte. Der feine Graf ließ nämlich in seinem langen Leben von Ehebruch über Blutschande bis zu Korruption und Diebstahl kaum eine Untat aus. Um Ihnen einen kleinen Geschmack von seinen moralischen Grundsätzen zu geben: Seine Ehefrau und seine Geliebte teilten mit ihm gemeinsam das Schlafzimmer. So weit, so schlecht – aber es geht noch viel weiter: Im Laufe der Jahre gebar ihm seine Geliebte vier Kinder, darunter auch zwei Töchter.

Leider – denn als diese älter wurden, machte er auch diese zu seinen Mätressen. Das aber war selbst der abgebrühten Ehefrau zu viel und sie ermordete die Nebenbuhlerin (oder ließ sie ermorden – das hat man nie klären können). Um den Skandal zu vermeiden, beschuldigte der feine Graf schließlich einfach seinen besten Freund des Mordes, ließ ihn durch falsche Zeugen überführen und hinrichten. Kurz: Seine Lordschaft war ein feines Früchtchen.

Zu allem Überfluss war er auch noch ein leidenschaftlicher Spieler, der sein ganzes erschwindeltes Geld immer wieder mit Glücksspielen durchbrachte. Und hier am Spieltisch leistete er – wenn auch unfreiwillig – einen positiven Beitrag zur Küchengeschichte: Er erfand nämlich das nach ihm benannte Sandwich.

Am 6. August 1762 hatte er in einem Londoner Spielclub beim damals beliebten Cribbage-Spiel eine solche Glückssträhne, dass er sein Spiel trotz quälenden Hungers nicht unterbrechen wollte. Der Morgen graute schon, als er beim Kellner eine Doppelscheibe Weißbrot mit Roastbeef bestellte – dünn mit Mayonnaise und Meerrettich bestrichen. Und damit er dieses Brot auch leicht nebenher verspeisen konnte, ließ er es gleich mundgerecht in kleine Dreiecke schneiden. (Übrigens wies ein Biograf Montagus später diese Darstellung empört zurück und erklärte, Seine Lordschaft habe das Sandwich keinesfalls am Spieltisch erfunden, sondern an seinem Schreibtisch, um seine Arbeit nicht unterbrechen zu müssen).

Wie dem auch sei: Bald wurde dieser kleine Snack im Club populär. Auch andere Spieler verlangten nach diesem »Brot wie Lord Sandwich« – und von diesem Londoner Spielclub aus machte es schließlich seinen Weg in die ganze Welt. Jemand hat einmal ausgerechnet, dass jährlich auf der ganzen Welt rund 5 Milliarden Brote mit Belag verzehrt werden, denen man den Namen dieses unwürdigen Gauners gegeben hat. In Tokio und Südafrika, in New York und in Rio – überall und in fast allen Sprachen der Welt kennt man heute das »Sandwich« – ein zwei- oder dreistöckiges Brot mit Roastbeef oder Hühnerfleisch, mit Thunfisch oder Lachs, mit Salat, Käse und Mayonnaise.

NEW YORKER CLUB-SANDWICH

Dieses Sandwich ist das typische Sandwich, das es in vielen Hotels gibt – wahrscheinlich, weil viele Hotels im Besitz amerikanischer Konzerne sind oder weil viele amerikanische Touristen in der Welt herumreisen. Es könnte aber auch noch einen anderen Grund geben, es ist nämlich eins der Sandwiches, die am besten schmecken. Der einzige Nachteil beim Verzehr: Es ist ein doppelstöckiges Sandwich – man kann also kaum herzhaft hineinbeißen, es sei denn, man hat einen wirklich unnatürlich großen Mund.

ZUTATEN

(für 4 Personen)

4 kleine Hähnchenbrustfilets (etwa 250 g)
120 g Frühstücksspeck – in 8 Scheiben
3 Blätter fester grüner Salat (z. B. Eisberg oder Romana)
100 g Mayonnaise (am besten selbst gemacht)
Salz, Pfeffer, ½ TL Chilipulver
2 Tomaten
2 Scheiben Vollkorntoastbrot

ZUBEREITUNG

Zutaten für den Belag vorbereiten:

1. Die Hähnchenbrustfilets mit Salz und Pfeffer würzen, in einer ofenfesten Pfanne kräftig anbraten und dann im Ofen 15 Minuten lang fertig garen.

2. Den Frühstücksspeck in einer trockenen Pfanne ohne Fettzugabe von allen Seiten kross anbraten – dann zum Abtropfen auf Küchenpapier legen.
3. Den kleingeschnittenen Salat mit der Mayonnaise verrühren und mit Salz, Pfeffer und Chili abschmecken. Dann die kleingeschnittenen Tomaten in diese Mayonnaise geben. Die fertig gebratenen Hähnchenbrustfilets in dünne Scheiben schneiden. Die 12 Toastbrotscheiben grillen.

Teile für den Belag zügig zusammenführen:

4. Zuerst die ersten acht Toastscheiben mit der Mayonnaise bestreichen, auf vier davon die Hähnchenstreifen legen und sie dann mit den vier weiteren Toastscheiben bedecken (mit der Mayonnaise-Seite natürlich nach oben).
5. Dann auf die nun entstandene »obere Etage« zuerst die Tomatenscheiben auf die Mayonnaise und darüber dann die Speckstreifen legen.
6. Jetzt die letzten vier Toastbrote als »Dach« oben drauflegen und alles etwas zusammenpressen. Zum Schluss das Sandwich mit einem scharfen Messer noch zweimal diagonal durchschneiden, so dass dadurch 4 Dreiecke entstehen. Durch jedes dieser Dreiecke steckt man einen kleinen Holzspieß – und das New Yorker Club-Sandwich ist fertig!

WIE MARIE HAREL ZU IHREM DENKMAL KAM

Im Jahre 1926 hatte der Bürgermeister des kleinen Städtchens Vimoutiers im Département Orne, zu dessen Verwaltungsgebiet das Dorf Camembert gehört, einen etwas eigenartigen Besuch: Ein gewisser Dr. Joseph Knirim, Arzt aus New York, erschien zusammen mit seiner Frau und erzählte ihm, er habe es dem reichlichen Genuss von Camembert-Käse zu verdanken, dass er von einem lästigen Magengeschwür geheilt sei. Mehr noch: Er habe anschließend ein Vermögen damit verdient, auch seinen Patienten Camembert als Diätnahrung und Heilmittel zu verschreiben. Und nun wollte er aus Dankbarkeit dem Erfinder dieses heilbringenden Käses ein Blumengebinde auf sein Grab legen.

Einen solchen Vorschlag kann ein Bürgermeister natürlich nicht abschlagen – aber da gab es leider ein Problem: Wer um Gottes willen war der Erfinder des weltberühmten Camemberts? Niemand hatte sich je darüber den Kopf zerbrochen. Aber gab es da nicht vor einem runden Jahrhundert einmal eine Frau namens Marie Harel, die einen besonders guten Käse hergestellt hatte?

Natürlich – und es wurde gemunkelt, ein geflohener abtrünniger Geistlicher aus Brie, ein gewisser Charles-Jean Bonvoust, habe bei ihr während der Revolution Unterschlupf gefunden. Von ihm soll sie einige Fabrikationsgeheimnisse des schon seit dem 11. Jahrhundert berühmten Brie-Käses erfahren und daraufhin ihren Käse wesentlich verbessert haben.
Kurz entschlossen holte man diese Marie Harel aus der Versenkung und präsentierte sie dem glücklichen Amerikaner als »Erfinderin des Camemberts«. Da störte es nicht, dass die einzige Marie Harel, die die Historiker finden konnten, eine junge Frau war, die nicht einmal in Camembert gewohnt hatte, sondern im benachbarten Rouville. Aber immerhin kam sie einmal im Monat auf den Markt von Camembert, um dort ihren Käse und ihre Butter zu verkaufen. Und möglicherweise, so tröstete man sich, hat sie ja später vielleicht auch zusammen mit ihrem Mann in Camembert eine Käsefabrikation übernommen.

Hauptsache, man konnte dem netten Amerikaner endlich eine Erfinderin des berühmten Käses anbieten. Aber da gab es noch ein Problem: Ein Grab dieser Marie Harel, an dem der amerikanische Fan seinen Blumenstrauß hätte ablegen können, war nirgendwo aufzufinden. Auf dem kleinen Dorffriedhof gab es aber immerhin das Grab ihres Schwiegersohns, eines gewissen Thomas Paynel. Also legte Dr. Knirim sein Blumengebinde dort ab und reiste zufrieden zurück nach Amerika – nicht ohne die Anregung, man solle doch eine Sammlung für ein würdiges Denkmal der Marie Harel sammeln. Er selber trug sich als Erster mit 20 Dollar in die Spendenliste ein.

Die örtlichen Zeitungen griffen die Sache auf – und bald hatte man genügend Geld zusammen, um das Denkmal in Auftrag zu geben. Dummerweise aber wusste niemand mehr, wie diese Marie Harel eigentlich ausgesehen hatte, denn es gab von ihr weder ein Bild noch eine Beschreibung. So bedeutsam war sie offenbar keinem Zeitgenossen erschienen. War sie blond oder schwarz, groß oder klein, dick oder dünn? Egal – man nahm halt einfach ein hübsches bäuerliches Modell und alle waren zufrieden.

Am 15. April des Jahres 1928, zwei Jahre nach dem Besuch des Dr. Knirim, wurde schließlich das Denkmal errichtet, zur großen Freude des amerikanischen Arztes, aber auch der auf Werbung erpichten Camembert-Hersteller. Seither gilt Marie Harel als eine Art Nationalheldin Frankreichs.

Dass der Blumenstrauß des Dr. Knirim auf dem Grab von Marie Harels Schwiegersohn Thomas Paynel landete, war übrigens nicht so ganz falsch. Denn er war derjenige, der dafür sorgte, dass der Käse seiner Schwiegermutter den offiziellen Namen »Camembert« bekam und als solcher in Paris berühmt wurde.

Als nämlich im Jahr 1850 König Napoleon III. aus Anlass der Einweihung einer neuen Eisenbahnstrecke nach Granville im Ort Surdon Halt machte, überreichte ihm der geschäftstüchtige Paynel einen Käse. Seine Majestät probierte ihn sofort und fragte begeistert: »Was ist denn das für ein herrlicher Käse?«

Paynel antwortete ihm: »Ein Käse aus Camembert, Eure Majestät!!«

Daraufhin befahl Napoleon III., dass ihm dieser »Camembert-Käse« in Zukunft regelmäßig für seinen Tisch in die Tuilerien geliefert werden solle.

Die Geschichte der Statue von Marie Harel hat übrigens noch eine amüsante Fortsetzung: Während des Zweiten Weltkriegs wurde das Denkmal nämlich von einer Granate getroffen und zerstört. Und wieder kam die Rettung von einem reichen Onkel aus Amerika: Ein Käsefabrikant aus Ohio von der Käsereikette Van West erbot sich, ein neues Denkmal zu finanzieren.

Der zuständige Bürgermeister von Camembert war begeistert – aber die Sache hatte leider einen großen Haken: Der Amerikaner wollte am Denkmal eine Plakette mit dem Hinweis auf seine Käsefabrik als Sponsor anbringen.

Das war den Franzosen nun doch zu viel – eine solche Schande ließ man sich nicht gefallen. Die USA hatten zu allem Überfluss auch noch gerade zu dieser Zeit die Einfuhr des Original-Camemberts aus hygienischen Gründen verboten – weil er in die Kategorie Frischmilchkäse fiel. Stattdessen stellte man dort eine für französische Feinschmecker scheußlich schmeckende barbarische Camembert-Parodie her, die bestenfalls nach Kunststoff schmeckte.

Und genau diese Amerikaner wollte man auf dem Denkmal des französischen Nationalkäses verewigen? Niemals! Zum Schluss fand man – wie fast immer in Frankreich – einen Kompromiss: Die Plakette wurde angebracht, aber nur mit dem Hinweis, dass Arbeiter einer Käsefabrik in Ohio dieses Denkmal gestiftet hätten – ohne den Namen der Firma zu nennen.

Nun endlich konnte die steinerne Marie Harel also wieder auf dem Marktplatz Aufstellung nehmen. Als die großen Festreden zur feierlichen Denkmalseinweihung gehalten wurden, blieb der Präsident der Camembert-Fabrikanten, Monsieur Lanquetot, trotzdem ostentativ den Feierlichkeiten fern.

HERRENSCHNITTE – CAMEMBERT

AUF RÖSTSPECK UND SCHWARZBROT

Dieses schnell zubereitete Schmankerl eignet sich für den schnellen Appetit zwischendurch – oder als kleiner Stammtisch-Imbiss.

ZUTATEN

(für 4 Personen)

4 Schnitten Siegerländer Schwarzbrot
8 Scheiben Speck
1 Bund Petersilie
1 Zwiebel, gewürfelt
etwas Olivenöl
2 Camembert
etwas Preiselbeermarmelade

ZUBEREITUNG

1. Die Schwarzbrotschnitten im Toaster anrösten. Die Speckscheiben knusprig ausbraten. In einer Pfanne grob geschnittene Petersilie mit Zwiebelwürfeln in Olivenöl anschwitzen.
2. Brotschnitten dann mit den Speckscheiben belegen, dicke Scheiben Camembert darauflegen und die gedünstete Petersilie mit den Zwiebeln darüber verteilen.
3. Die Schnitten auf ein Backblech legen und fünf Minuten lang in den Backofen (160 °C) schieben, bis der Camembert durchgeschmolzen ist.
4. Zum Servieren kann man etwas Preiselbeermarmelade zugeben.

DIE LEGENDE VOM SCHÄFER UND DER SCHÖNEN

Der Roquefort ist eine der berühmtesten Käsesorten Frankreichs. Er wird in dem kleinen Ort Roquefort-sur-Soulzon aus Schafsmilch hergestellt – und zwar mit Hilfe eines Schimmelpilzes mit dem schönen Namen Penicillium roqueforti, der entsteht, wenn man ein Roggenschwarzbrot, das außen sehr trocken und innen sehr feucht ist, nur lange genug stehen lässt. Die Herstellung ist ziemlich kompliziert – und vor allem braucht man ganz bestimmte Bedingungen für den Reifeprozess. Bedingungen, wie sie ideal in den Naturhöhlen gleich hinter dem Ort Roquefort-sur-Soulzon zu finden sind. Dieses Labyrinth aus 17 Höhlen, das sich über zwölf Stockwerke bis zu zwei Kilometer tief durch einen Fels zieht, ist wirklich ein Geschenk der Natur – mit genau der richtigen Temperatur von sieben bis neun Grad Celsius und der nötigen Luftfeuchtigkeit, die der Käse braucht, um zum berühmten Roquefort zu werden.

Den Roquefort gab es schon vor über tausend Jahren. Da fragt man sich natürlich: Welches Genie war damals wohl schon in der Lage, einen so komplizierten Herstellungsprozess zu erfinden? Vielleicht sollte man aber gar nicht nach einem Genie suchen, sondern einfach annehmen, dass die Entstehung dieses Käses eher einem Zufall zu verdanken ist. Dann könnte die folgende Geschichte, die man erzählt, sogar wirklich stimmen ...

Es passierte vor vielen hundert Jahren – und zwar im Süden Frankreichs. Eines Tages saß dort ein junger Schäfer am Eingang einer Höhle an den Hängen der Berge, die man heute die Causse-Berge nennt, und in der Nähe der Siedlung, die man heute Roquefort nennt. Er verzehrte genüsslich sein Frühstück, das aus einer Scheibe Schwarzbrot bestand, belegt mit einem Stück Schafskäse.

Er war hungrig und kaute gerade am ersten Bissen, als ein junges Mädchen vorbeikam und ihm zulächelte. Er kannte dieses Mädchen – es war die Tochter seines Gebieters, des Schäfers. Er war schon lange in sie verliebt und hatte sie bisher nur von weitem angehimmelt – es aber nie gewagt, sich ihr zu nähern. Und jetzt kam sie vorbei und lächelte ihm zu – so, als ob sie ihm Mut machen wollte. Der junge Schäfer überlegte nicht lange, er versteckte seine Stulle in einer Felsspalte, damit die wilden Tiere sie nicht finden sollten, und lief der Angebeteten hinterher.

Die Legende berichtet leider nicht genau, wie diese Liebesgeschichte ausging. Offenbar aber erhörte die Schöne den Schäfer, denn er kehrte erst einige Tage später zu seiner Höhle zurück und war ausgehungert. Er suchte das Brot, das er dort versteckt hatte – und tatsächlich: Es war noch da. Aber es war völlig verschimmelt und sogar der Käse war mit blauen Adern durchzogen.

Zuerst wollte der Schäfer die verdorbene Käsestulle wegwerfen. Aber die Liebe hat ihn hungrig gemacht und so biss er hinein – zuerst etwas zögerlich, dann aber mit immer mehr Appetit. Denn nachdem er sich erst einmal an den eigentümlich scharfen Geschmack gewöhnt hatte, schmeckte ihm der Schimmelkäse ganz vorzüglich. Der verliebte Schäfer hatte, so will es die Legende, den Roquefort erfunden.

Wie sagen die Italiener so schön? »Si non e vero, e ben trovato.« – »Wenn die Geschichte nicht wahr ist, so ist sie doch gut erfunden.« Bis heute wird der berühmte Roquefortkäse im Prinzip noch auf die gleiche Art hergestellt – allerdings ohne die junge Schäfertochter. Aber immer noch verwendet man zum Züchten des Schimmelpilzes ein speziell gebackenes Schwarzbrot, das außen trocken und innen feucht ist.

NUDELN
IN ROQUEFORT-SAUCE

Ein Rezept von
HEINZ
WINKLER

Wichtig: Der Roquefort sollte nicht zu alt und auf keinen Fall zu trocken und bröselig sein, sonst wird die Sauce nicht sanft und zart, sondern schmeckt streng und aufdringlich.

ZUTATEN
(für 4 Personen)

Für die Nudeln

250 g Mehl
50 g Hartweizengrieß, grob
3 Eier
20 g Olivenöl
10 g Salz

Roquefort-Sauce

20 g Sahne
45 g Butter
10 Basilikumblätter
80 g Roquefort
Muskatnuss
Salz, Pfeffer

ZUBEREITUNG DER NUDELN

1. Die gesamten Zutaten miteinander vermengen und so lange kneten, bis der Teig ganz glatt ist. Abdecken und 1 Stunde ruhen lassen. Anschließend den Teig dünn ausrollen und in feine Streifen schneiden. Auf einem Tablett noch eine halbe Stunde antrocknen lassen.

ZUBEREITUNG DER SAUCE

2. Die Sahne mit Butter, Basilikumblättern und Roquefortwürfeln in einer Sauteuse erhitzen. Mit geriebenem Muskat, Salz und Pfeffer abschmecken.

FERTIGSTELLUNG

Die Nudeln in kochendem Salzwasser 2 Minuten garen, abgießen, kurz abschrecken und in der Roquefort-Sauce durchschwenken. Wenn nötig, nochmals abschmecken und auf tiefen vorgewärmten Tellern anrichten.

TIPPS

★ *Natürlich kauft man sogenannte pasta asciuta als Trockennudeln und ebenso natürlich nur aus Hartweizen. Denn nur dieser spezielle Weizen gibt den Nudeln ihren unwiderstehlichen Biss. Okay? Schauen Sie auf der Packung auch nach dem Hartweizenanteil. Grundsätzlich gilt: Je mehr Hartweizen drin ist, umso besser sind die Nudeln. Und wenn nichts draufsteht? Dann können Sie darauf wetten, dass auch keiner drin ist.*

★ *Nudeln müssen in viel Wasser kochen, damit sie gleichmäßig garen und nicht aneinanderkleben – 1 l pro 100 g ist nicht zu viel.*

★ *Nudeln dürfen nicht zu weichgekocht werden, sie müssen den Zähnen ein ganz klein wenig Arbeit geben – oder, wie die Experten auf Italienisch sagen: Sie müssen al dente gekocht werden. Wenn Sie eine Kachelwand in der Küche haben, dann könnten Sie den traditionellen Nudeltest machen: Werfen Sie eine Nudel an die Wand. Wenn sie kleben bleibt, ist sie genau richtig gar. (Wenn man allerdings Papiertapeten an den Wänden hat, empfiehlt sich diese Methode nicht!)*

- *Es gilt der eherne Grundsatz: Die Sauce muss auf die Nudeln warten – und nicht umgekehrt! Also: Die Nudeln werden abgegossen und noch etwas feucht in die wartende Sauce gegeben und mit ihr vermischt.*
- *Zu richtigen Nudeln gehört richtiger Käse, der darübergerieben wird – und zwar stilecht mit einer Reibe oder – besser noch – der schönen Käsemühle, die man beim letzten Italienurlaub erstanden hat. Und natürlich sollte es ein echter alter Parmesan sein. Achten Sie also darauf: Es muss unbedingt »Parmigiano Reggiano« auf der Rinde aufgedruckt sein!*
- *Vorsicht beim Kauf von fertig geraspeltem »Parmesankäse« im Zellophanbeutel: Nach einem schwer verständlichen Richterentscheid ist hier in Deutschland Parmesan ein Handelsbegriff und keine Herkunftsbezeichnung. In dem Beutel kann also auch alles andere als Parmesan sein – und meistens ist es deshalb leider auch alles andere als Parmesan.*

DIE PRIMADONNA, DIE NICHT NUR SPAGHETTI LIEBTE

Im Jahre 1888 wurde im schönen Florenz eine 16-jährige Sängerin entdeckt, die bald darauf die größte Diva der Neuzeit wurde. Sie sang auf allen Kontinenten, war Partnerin des unvergesslichen Caruso – und leistete sich alle Extravaganzen, die zu einer Diva gehören. Erstaunlich, dass ihr Name inzwischen fast vergessen ist: Luisa Tetrazzini.

Aber die Diva war nicht nur eine gefeierte Koloratursängerin und übrigens auch eine unersättliche Liebhaberin – sie war darüber hinaus eine begnadete Esserin. Wenn sie über den Atlantik zu ihren umjubelten Auftritten im Londoner Covent Garden reiste, dann hatte sie nicht nur eigene Leibwächter und Diener mit dabei, sondern ließ sich in ihrer Schiffssuite eigens eine eigene Küche einrichten, um sich dort ihre Lieblingsspeisen kochen zu lassen. Nach jeder Vorstellung ließ sie sich, so erzählt man, eine Riesenportion Spaghetti servieren.

Aber man erzählt sich auch noch etwas anderes, nämlich, dass sie sich anschließend einen hübschen jungen Mann kommen ließ – einen ihrer zahlreichen Fans oder auch einfach jemanden vom Küchen- oder Servicepersonal. Denn nicht nur ihr Hunger auf Spaghetti war legendär. Anschließend zeigte sie sich ihren Liebhabern gegenüber immer sehr großzügig und beschenkte jeden für seine Dienste mit einer teuren Taschenuhr.

Noch heute gibt es alte Schallplattenaufnahmen mit der Tetrazzini, die an ihre unvergleichliche Stimme erinnern. Nach einer dieser Aufnahmen schenkte sie ihrem Produzenten, dem Schallplattenpionier Fred W. Gaisberg, als Anerkennung für seine künstlerische Arbeit eine große Standuhr.

Der Schallplattenproduzent soll später große Mühe gehabt haben, seiner eifersüchtigen Ehefrau beizubringen, dass diese Standuhr nur eine Anerkennung seiner künstlerisch-akustischen Zusammenarbeit mit der Diva war – und nicht etwa eine besonders groß ausgefallene Variante der allseits bekannten Taschenuhren.

SPAGHETTI
MIT OLIVENÖL, KNOBLAUCH UND PEPERONI

Ein typisch neapolitanisches Gericht: schnell zuzubereiten – aus Bestandteilen, die jede süditalienische Hausfrau immer in ihrem Vorratsschrank hat.

ZUTATEN
(für 4 Personen)

500 g Spaghetti
2 Peperoni
10 EL Olivenöl (erste Pressung)
5 junge Knoblauchzehen
2 EL gehackte Petersilie
Pecorino-Käse

ZUBEREITUNG

1. Die Spaghetti in reichlich Salzwasser al dente kochen.
2. Die Peperoni im Mörser zerreiben und in das Olivenöl geben.
3. Die Knoblauchzehen schälen, kleinhacken und zusammen mit den Peperoni und der Petersilie in ganz wenig Öl anrösten. Dann gibt man etwas von dem Kochwasser der Nudeln dazu und schüttet das Ganze über die Spaghetti.

FERTIGSTELLUNG

Zum Schluss das restliche Olivenöl über die Spaghetti gießen und bei Tisch noch den Käse darüberreiben – fertig!

ST. MARTIN UND DIE »MARTINSGANS«

Es geschah im Jahr 334 nach Christus im französischen Städtchen Amiens, das damals von den Römern besetzt war. An einem eiskalten Wintertag ritt ein junger römischer Gardeoffizier mit Namen Martin mit seinem Schimmel aus. Da sah er am Wegesrand einen spärlich bekleideten Bettler liegen, der ihn um eine Gabe anflehte. Martin bekam Mitleid mit dem Mann, aber außer seinen Waffen und seinem kostbaren Mantel hatte er nichts bei sich, was er ihm hätte geben können. So nahm er kurzerhand sein Schwert und teilte den Mantel in der Mitte durch. Die eine Hälfte gab er dem Bettler, die andere Hälfte legte er sich selber um die Schultern.

In der folgenden Nacht hatte er einen Traum: Ihm erschien Jesus Christus, bekleidet mit dem halben Mantel, und gab sich gegenüber Martin als der Bettler zu erkennen. Martin wurde durch diesen Traum zum Christentum bekehrt. Nach dem Ende seines Armeedienstes ließ er sich taufen, reiste rund ein

Vierteljahrhundert lang als Mönch durch ganz Europa und gründete zahlreiche Klöster und Pfarreien. In diesen Jahren gewann er vor allem auch durch seine asketische Lebensweise immer mehr Anhänger.

Gegen seinen eigenen Willen sowie starke Widerstände des Klerus drängte das Volk darauf, den beliebten Mönch Martin zum Bischof von Tours zu weihen. Asketisch und bescheiden, wie er sein Leben führte, hielt er sich aber für unwürdig, ein so hohes Amt zu bekleiden. Um der Beförderung zu entgehen, versteckte er sich in einem Gänsestall. Aber er schreckte die Gänse auf, die so laut schnatterten, dass die Gläubigen ihn schnell fanden. So wurde er trotz seiner Bescheidenheit zum Bischof geweiht.

Dem hohen Amt zum Trotz blieb er auch als Bischof seinem asketischen Lebensstil treu und lebte weiter in einer bescheidenen Holzhütte vor der Stadtmauer. Als er im Alter von 81 Jahren starb, war die Anteilnahme in der Bevölkerung groß. Es dauerte nicht lange, bis der Papst ihn heiligsprach.

Am 11. November feiern heutzutage die Katholiken in allen deutschsprachigen Ländern das Martinsfest – und vor allem für die Kinder ist das immer ein großes Ereignis: Sie veranstalten abends Martinsumzüge, singen Martinslieder und tragen Laternen, wohl in Erinnerung daran, wie die Bürger von Amiens damals das Versteck von Martin gesucht haben. Vor allem aber: Traditionellerweise wird an diesem Tag in vielen Familien zum Abendessen eine schmackhafte Martinsgans zubereitet – in Erinnerung an die Gänse, die geholfen haben, dass Martin zum Bischof ernannt werden konnte. Die katholische Kirche hat recht, diesen Heiligen zu ehren. Er war offenbar ein außergewöhnlicher Mensch. Die Geschichte mit dem Mantel und dem Bettler ist zwar nicht historisch nachgewiesen, aber sie passt sehr gut zu dem Charakter dieses großen Heiligen. Wer weiß? Vielleicht stimmt sie ja sogar.

Aber die Sache mit den Gänsen ...? Die ist einfach zu schön, um wahr zu sein. Das gilt auch für andere Versionen der Geschichte – etwa die, dass bei einer Predigt des Bischofs eine Gans laut schnatternd in die Kirche gewatschelt sei. Dieser Lärm habe natürlich die Messe gestört und darum sei die Gans von den Gläubigen eingefangen und später gemeinschaftlich bei einem großen Festessen verspeist worden.

Wahrscheinlich sind all diese Gänsegeschichten nichts anderes als das, was die Wissenschaftler »Sekundärlegenden« nennen: Wenn es althergebrachtes Brauchtum gibt und keiner weiß mehr, wie es entstanden ist, spinnt man irgendeine Legende drum herum, die seine Entstehung erklärt.

Vielleicht hat der Ersterzähler auch die bekannte Geschichte von der Rettung Roms durch die heiligen Gänse der Juno im Kopf gehabt, die vom römischen Geschichtsschreiber Livius überliefert wurde: Brennus, Anführer der Gallier, wollte im Jahre 387 vor Christus im Handstreich das Kapitol in Rom erobern. Es ist ein ziemlich unzugänglicher Hügel, auf dem sich zwei berühmte Tempel befanden. Einer davon war Jupiter geweiht, also dem größten Gott der Römer, und der zweite seiner Frau Juno mit ihren heiligen Gänsen.

Das Kapitol war das religiöse und politische Zentrum der römischen Weltmacht und galt als uneinnehmbares Bollwerk. Es wurde von tausend römischen Soldaten bewacht. Niemand rechnete mit dem Angriff eines Feindes – und so lagen die

Verteidiger des Hügels im tiefsten Schlaf, als Brennus nachts versuchte, sich mit seinen Soldaten einzuschleichen. Aber er hatte seine Rechnung ohne die heiligen Gänse der Juno gemacht, die im Tempelbereich lebten. Denn diese hörten die fremden Geräusche und weckten die schlafenden Römer mit Flügelschlagen und aufgeregtem Geschnatter noch gerade rechtzeitig auf. So konnten die Gallier vertrieben werden und Rom wurde gerettet.

Aber das alles sind leider nur schöne Legenden. Hört man auf die Historiker, dann sieht die historische Wahrheit über die Tradition der Martinsgans so aus: Der 11. November ist der letzte Tag vor Beginn der 40-tägigen Fastenzeit. Die Menschen wollten noch einmal richtig schlemmen, bevor sie auf viele Genüsse verzichten mussten, die während der Fastenzeit tabu waren – wie ja auch der Karneval am 11.11. beginnt, weil man an diesem Tag noch mal so richtig auf die Pauke hauen will.

Die Historiker haben aber auch noch einen anderen plausiblen Grund für die Tradition der Martinsgans gefunden: Der 11.11. war früher der »Zinstag«, an dem die Ernte eingefahren war und die Bauern ihren Lehnsherren die jährlichen Abgaben zahlen mussten. Diese wurden von den Bauern meist in Form von Naturalien erbracht und Gänse waren dabei als Zahlungsmittel beim Adel sehr beliebt – nicht nur, weil man aus ihren Federn Schreibgeräte herstellen konnte, sondern auch, weil ihre Daunen zu warmen Decken weiterverarbeitet wurden. Und schließlich sind die Gänse im November richtig schön gemästet und besonders schmackhaft.

Sind auch die meisten dieser Gänsegeschichten nichts anderes als hübsche Legenden, soll das unseren Appetit auf eine schön knusprig gebratene Martinsgans nicht schmälern.

JUNGE GANS

MIT BRATAPFEL UND GRIESSNOCKEN

Ein Rezept von HEINZ WINKLER

Die beste Zeit für einen solchen Gänsebraten ist ab November, dann haben die Gänse das richtige Alter von etwa fünf Monaten erreicht, sind wohlgenährt und angenehm fett.
Traditionell wird die Gans in Deutschland mit Rotkohl und Kartoffelklößen oder Semmelknödeln gegessen. Heinz Winkler hat aber eine andere Version erfunden – und es lohnt sich, diese nachzukochen.

ZUTATEN

(für 4 Personen)

Gans

1 junge Gans von 2–3 kg
Salz
1 Apfel (Boskop), halbiert
1 Zwiebel, geschält, halbiert
1 Zweig Beifuß
250 ml Wasser

Grießnocken

150 g Butter
Salz
4 Eier
250 g Grieß
5 Semmeln (ca. 20 g)
125 ml Sauerrahm
50 g mehlige Kartoffeln
1 Prise Muskatnuss

Bratäpfel

4 Äpfel (Boskop, Cox Orange oder Gravensteiner)
50 g Butter
1 EL Preiselbeeren
30 g Zucker
Saft von ½ Zitrone
1 EL Weißwein

ZUBEREITUNG

1. Die Gans salzen und mit dem halbierten Apfel, der halbierten Zwiebel und dem Beifuß füllen. Das Wasser in einen Bräter geben, die gefüllte Gans hineinlegen und bei ca. 220 °C 1 bis 2 Stunden je nach Alter dämpfen. Dabei immer wieder mit der Flüssigkeit übergießen. Nach der halben Bratzeit die Füllung aus der Gans nehmen und mit im Bräter schmoren lassen. Wichtig ist, dass die Gans sehr weich gedämpft wird; erst dann die Oberhitze erhöhen, um die Gans Farbe nehmen zu lassen. Gans herausnehmen und warm stellen.
2. Die Butter schaumig rühren, salzen, die Eier nach und nach zugeben und den Grieß einrühren. Mindestens eine Stunde stehen lassen und in dieser Zeit mehrmals kräftig durchschlagen. Die Semmeln entrinden und in kleine Würfel schneiden. Im Sauerrahm einweichen. Die Kartoffeln in der Schale kochen, schälen und grob zerteilt im Ofen gut austrocknen lassen (ca. 5 Min. bei 200 °C).
3. Die Kartoffeln durchpassieren, die eingeweichten Semmeln, Muskat und die Grießmasse zugeben und alles gut vermengen. Mit einem nassen Löffel Nocken abstechen und im kochenden Wasserbad garen (ca. 15 Minuten).
4. Mit einem Apfelausstecher das Kerngehäuse der Äpfel entfernen. Die Äpfel in eine gebutterte flache Bratpfanne geben, mit den Preiselbeeren füllen und mit dem Zucker bestreuen. Die restliche Butter in Flöckchen darauf verteilen und in den auf mindestens 260 °C vorgeheizten Backofen schieben. Diese hohe Temperatur ist unbedingt erforderlich, damit die Äpfel wirklich braten und nicht dämpfen. Kurz vor Beendigung der Garzeit Zitrone und Weißwein zugeben und die Äpfel so lange im Ofen lassen, bis sich der Saft mit dem Weißwein zu einer dickflüssigen Sauce entwickelt hat. Diese zum Servieren über die Äpfel geben.

MÈRE POULARD UND IHR WELTBERÜHMTES OMELETT

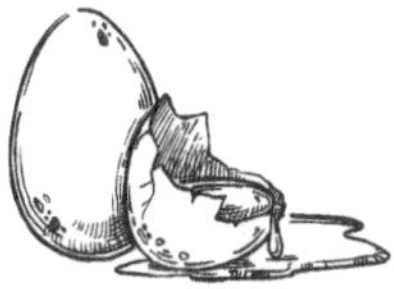

Der Mont Saint-Michel ist eines der berühmtesten Ausflugsziele in Frankreich – mehr als zwei Millionen Menschen pilgern jährlich zu diesem imposanten Kloster auf der Insel an der Grenze zwischen der Normandie und der Bretagne.

Einstmals war dort dem Bischof von Avranches der Erzengel Michael erschienen und hatte ihm befohlen, auf dem Berg Tombe ein Gebetshaus zu errichten. Daraus wurde dann später unter der Leitung der Benediktinermönche eine Klosteranlage, gebaut aus mächtigen Granitsteinen, die von weither mit Booten herangeschleppt werden mussten. Denn inzwischen hatte sich der Boden rund um den Berg Tombe gesenkt und machte aus dem Berg eine Insel.

Im vorigen Jahrhundert wäre das Bauwerk fast zu einer Ruine zerfallen. Aber glücklicherweise wurde es unter Leitung des Architekten Édouard Corroyer renoviert. Dieser Architekt brachte auch seine Kammerfrau mit, die junge Annette Boutiaut. Diese

Anette lernte den Bäckerssohn Victor Poulard aus Saint-Michel kennen. Sie heiratete ihn ein Jahr später und irgendwann zwischen 1875 und 1888 wurde das junge Paar Besitzer des kleinen Restaurants Tête d'Or in der Grande Rue.

Damals gab es noch nicht den großen Damm, der heute das Festland mit dem Mont Saint-Michel verbindet. Die vielen Pilger mussten daher mit Booten auf die Insel übersetzen. Die Gastwirte schauten mit dem Fernrohr hinunter und schätzten ab, wie viele Gäste wohl kommen mochten. Am Hafen wurden sie dann von marktschreierischen Aufreißern abgefangen und in die verschiedenen Lokale gelockt.

Die »Mère Poulard«, wie sie bald genannt wurde, hatte dabei eine besonders herzliche Art und Weise, ihre Gäste zu begrüßen – so in der Art wie: »Hatten Sie eine gute Reise? – Ihr müsst sicher Hunger haben. Dann mal schnell zu Tisch!« Man fühlte sich bei ihr wie in einer Familie.

Da die Schiffe zu allen möglichen Zeiten ankamen, musste man praktisch dauernd etwas zu essen bereithalten, damit die Gäste immer eine warme Mahlzeit bekamen. Da bot sich das Omelett an, weil es schnell zuzubereiten war – und keiner konnte die Omeletts besser zubereiten als die Mère Poulard, so dass sie bald weit über die Grenzen Frankreichs hinaus bekannt wurde.

Große Geister haben in den letzten hundert Jahren immer wieder darüber diskutiert, was wohl das Geheimnis der berühmten Omeletts der Mère Poulard sei. Manche nehmen an, dass wahrscheinlich Eiweiß und Eigelb getrennt geschlagen und sie erst dann unter Zufügung von etwas Crème fraîche zusammengeführt wurden. Dadurch, so meinen die Verfechter dieser Theorie, würde das Omelett besonders locker. Andere wiederum glauben, die Mère Poulard habe zwar die Eier als Ganzes verrührt, danach aber zusätzlich noch ein paar geschlagene Eiweiße dazugegeben.

Natürlich hat man die Mère Poulard auch selber oft genug nach ihrem Erfolgsrezept befragt. Aber entweder gab es da gar kein Geheimnis – oder sie hat es nicht verraten. Sie sagte immer nur: »Was die Crème anbetrifft: pure Erfindung. Was wahr ist: Wir haben die beste Butter vom Land – und wir sparen nicht damit – und vor allem achten wir darauf, dass wir sie nicht zu lange bräunen lassen.«

Sicher war das vermeintliche Geheimnis zum großen Teil wirklich die Qualität der Eier und der normannischen Butter. Vielleicht war es aber auch das Holzfeuer: Denn die Omeletts werden dort bis heute in großen Pfannen mit langen Stielen ins Holzfeuer gestellt – und bekommen also auch viel Oberhitze.

Die wichtigste Ursache für den Wohlgeschmack der Omeletts von Mère Poulard sollte man aber nicht unterschlagen: Die Besucher waren damals ja von weit her mit dem Boot angereist und waren, als sie ankamen, von den Reisestrapazen und der frischen Meeresluft ausgehungert. Und wie sagt noch ein altes Sprichwort? – »Hunger ist der beste Koch.«

Im Jahre 1904 verkaufte die Mère Poulard ihr Restaurant. Sie starb am 31. Mai 1931 und wurde auf dem kleinen Friedhof von Mont Saint-Michel beigesetzt. Ihr Grab existiert noch immer, ebenso wie das berühmte Restaurant, das jetzt den Namen »Mère Poulard« trägt. 1988 wurde es renoviert und ist nach wie vor eine große Touristenattraktion. An einem großen Eichentisch, den man von außen sehen kann, hantieren die »Schläger«

und die Köche in tadellos weißen Schürzen, Eier türmen sich pyramidenförmig auf, Berge von Butter sind zu sehen. Die Schläger rühren mit dem Schneebesen in großen Kupferschüsseln die Eier, die dann in langstieligen Pfannen zubereitet werden. Und immer noch schmecken sie so, als ob die Mère Poulard sie selber zubereitet hätte. Oder zumindest fast so.

KLASSISCHES OMELETT

Damit das Omelett nicht in der Pfanne klebt, kann man sie vorher mit etwas grobem Salz (»gros sel«) erhitzen. In jedem Fall muss die Pfanne glatt und absolut sauber sein. In vielen Profiküchen gibt es übrigens Pfannen, die nur und ausschließlich für die Omelett-Zubereitung reserviert sind.
Man erhitzt eine möglichst gusseiserne Pfanne (damit die Hitze gleichmäßig verteilt wird) so stark, dass ein Wassertropfen, den man hineinwirft, sofort verdampft.

ZUTATEN
(für 2 Personen)

3 Eier
Etwas »gros sel« (grobes Salz)
Salz
Pfeffer
Butter

ZUBEREITUNG

1. Die Eier in eine Rührschüssel geben, etwas Salz und Pfeffer zugeben und 20–30 Sekunden lang mit einer Gabel verrühren.
2. Einen EL Butter in die erhitzte Pfanne geben und diese so schwenken, bis der Schaum verschwindet, aber die Butter noch nicht braun und damit bitter wird.
3. Nun die Eier in die Pfanne geben und die Pfanne dann ständig hin und her rütteln. Die Eimasse wird am Boden schnell einen festen Film bilden. Die noch halbflüssige »Eicreme« auf der Oberfläche wird nun unter ständigem Rütteln der Pfanne mit der Unterseite einer Gabel laufend glatt gestrichen, um sie schön gleichmäßig zu machen. Dabei nicht versuchen, die Unterschicht zu durchstechen. Eventuelle Blasen und Löcher mit der flachen Gabel zurühren.
4. Noch bevor die Oberfläche hart geworden ist, die Pfanne vom Feuer nehmen, einen Rand mit der Gabel anheben und die eine Hälfte des Omeletts über die andere klappen.
5. Schließlich das halbkreisförmige Omelett auf einen vorgewärmten Teller gleiten lassen, ein paar Butterflocken darauf geben und zur Dekoration nach Belieben ein wenig krause Petersilie.

TIPP

★ *Man sollte die Eier wirklich nur mit wenigen Bewegungen durchrühren, damit sich Eiweiß und Eigelb zwar vermischen, Ersteres aber nicht seine »Viskosität« verliert. So wird das Omelett schön locker, es bläht sich beim Backen auf. (Wenn zu sehr gerührt wird, dann wird es zu schwer und auch der Geschmack leidet.) Um ein Omelett leichter zu machen, kann man auch 1 EL Milch in die Masse geben. Und es gibt Omelett-Experten, die vorschlagen, nur die Hälfte der Butter in die Pfanne zu geben – die andere Hälfte in die Eimasse.*

OMELETT NORVÉGIENNE –
DAS GEHEIMNIS DES FERNEN OSTENS

Das »Omelett Norvégienne« kommt weder aus Norwegen (wie es der Name vermuten ließe), noch ist es ein Omelett (wie es der Name sagt). Es ist eine köstliche Nachspeise und stammt aus den Küchen des Fernen Ostens. Im Frühjahr 1866 besuchte nämlich eine chinesische Delegation Paris, begleitet von eigenen Köchen. Die Gäste aus dem »Himmlischen Reich«, wie man China damals gerne nannte, wohnten im Grand Hotel. Natürlich machten die chinesischen Köche auch einen Höflichkeitsbesuch in der Küche des Hotels und tauschten dabei mit den Pariser Kollegen Erfahrungen aus. Dabei lernten die französischen Kollegen ein überraschendes Gericht kennen: eine Speise, die heiß aufgetragen und flambiert wurde – mit kaltem Vanille- oder Ingwereis im Innern. Beim Genuss dieser Speise hatte man also das doppelte Vergnügen, zunächst in eine heiße Kruste zu beißen und sofort darauf den Gaumen an dem kühlen Eis zu erfrischen.
Es schien ein Geheimnis aus dem Fernen Osten zu sein – bis der amerikanische Physiker Graf Rumford die Sache ganz einfach erklärte: Das »Geheimnis« beruht darauf, dass geschlagenes Eiweiß keine Wärme leitet.

ZUTATEN
(für 2 Personen)

1 Biskuitboden
Likör nach Geschmack
Speiseeis oder Beeren
nach Wahl
Eiweiß von 4 Eiern
50 g Zucker

ZUBEREITUNG

1. In eine feuerfeste Form den Biskuitboden legen (meist mit Likör getränkt), darauf das kalte Eis oder auch kalte Früchte geben und alles mit einer dichten Schicht von geschlagenem und gezuckertem Eiweiß (Meringue) bedecken. Das Ganze kommt in einen heißen Backofen mit Oberhitze, bis die Meringue sich goldbraun zu färben beginnt und bevor das Eis von der Hitze erreicht wird. Dann die Speise herausnehmen und flambieren, um den Effekt noch zu verstärken.
2. Zur Sicherheit sollte man sie sofort servieren – für den Fall, dass sich Graf Rumford verrechnet hat und die Wärme doch bis zum Eis durchdringt.

»Keine Liebe ist aufrichtiger
als die Liebe zum Essen.«

George Bernard Shaw

ROSSINI – EIN LEBEN NICHT NUR FÜR DIE MUSIK

Notenschreiben, so scheint es, macht hungrig: Viele berühmte Komponisten waren auch berühmte Esser – und manche davon sogar berühmte Feinschmecker.

Joseph Haydn zum Beispiel plünderte schon als vierzehnjähriger Sängerknabe die Speisekammer der Kaiserin Maria Theresia und hatte es dabei besonders auf Schmalzbrote und Schokoladenspeisen abgesehen. Später war eine seiner berühmten Kompositionen das »Ochsenmenuett«, das er als Hochzeitsmusik für die Tochter eines Fleischermeisters schrieb. Sein Honorar: ein ganzer Ochse. Auch Georg Friedrich Händel war für seinen gewaltigen Appetit bekannt, was man übrigens auch seiner Figur ansah. Von Johannes Brahms stammt der Satz, er habe in seinem ganzen Leben nie ein Medikament genommen und nie eine Mahlzeit versäumt. Auch Max Reger war ein ausgesprochener Vielfraß und Puccini gab für einen guten Gänsebraten fast alles.

Aber einer übertraf in dieser Beziehung alle seine Kollegen: Gioachino Rossini, dessen Musik in der ersten Hälfte des 19. Jahrhunderts die Massen begeisterte. Er war der meistgefeierte und meistbeschäftigte Komponist seiner Zeit.

AUFSTIEG EINES MUSIKALISCHEN GENIES

Schon im Alter von zwölf Jahren stand Rossini zusammen mit seiner Mutter als Sänger auf der Bühne – aber so ganz nebenher spielte er damals bereits Klavier, Geige und Cello. Mit 16 fing er an, Opern zu schreiben. Als er 18 war, wurde die erste seiner Opern in Venedig uraufgeführt. Dabei wurde auch Domenico Barbaja auf ihn aufmerksam, der Besitzer der Mailänder Scala, zweier Opernhäuser in Wien und vor allem auch des Teatro San Carlo in Neapel. Barbaja nahm das junge Genie fest unter Vertrag. Rossini musste sich verpflichten, für Barbajas Theater jährlich zwei Opern zu schreiben und so ganz nebenher praktisch die Geschäftsführung des San Carlo zu übernehmen.

Rossini arbeitete ab jetzt wie ein Besessener. Das Theater und vor allem auch sein Manager trieben ihn immer wieder zur Arbeit an. »Barbaja war ein Sklaventreiber«, hat Rossini später einmal gesagt. »Am liebsten hätte er wohl gesehen, wenn ich auch noch in der Küche gearbeitet hätte!«

In den nächsten zwei Jahrzehnten hat Rossini 39 Opern verfasst. Die meisten davon entstanden, wie damals üblich, unter enormem Zeitdruck und in unglaublich kurzer Zeit. Seine berühmteste Oper, den »Barbier von Sevilla«, schrieb er in 13 Tagen.

Allerdings muss man wissen: Er verwendete bei jeder neuen Oper auch immer wieder Melodien aus seinen vorhergehenden Opern, beklaute sich also gewissermaßen selbst.

Mit dem »Barbier von Sevilla« erreichte Rossini den Gipfel seiner Popularität. In ganz Europa herrschte eine regelrechte »Rossini-Mania«. Wo der »Schwan von Pesaro«, wie man ihn nach seinem Geburtsort nannte, auftrat, brachte er sein Publikum zur Ekstase. Dutzendweise fielen Frauen bei seinen Vorstellungen in Ohnmacht. Überall sang man Rossinis Lieder. Es gab bald tausende von Bearbeitungen seiner Opern, Salonorchester spielten seine populären Melodien ebenso wie Militärkapellen. Für die Fans gab es Rossini-Moden, Rossini-Krawatten und sogar einen Rossini-Haarschnitt – obwohl nicht zu übersehen war, dass der verehrte Meister langsam kahl wurde. In den Pariser Konditoreien verkaufte man in Anspielung auf den Barbier von Sevilla »Figaros« – kleine mit Obst gefüllte Blätterteigtörtchen, die angeblich sogar vom König der Köche Carême erfunden worden waren. Kurz: Rossini wurde der Pop-Star seines Jahrhunderts.

ROSSINI, DER GOURMAND

Man könnte meinen, es habe für den Meister in seinem Leben nichts Wichtigeres gegeben als die Musik – oder vielleicht noch die Frauen. Aber trotz seiner glanzvollen Karriere war die Musik nicht seine einzige Leidenschaft. Immer stärker wurde auch sein Interesse am guten Leben, am guten Essen und am Finden und Erfinden von Rezepten – neben der Musik oder sogar noch vor der Musik.

Es ist ein berühmter Brief Rossinis an eine Freundin erhalten, den er nach einer Aufführung des »Barbier von Sevilla« geschrieben hatte. Es ist kaum zu glauben: Über den unglaublichen Erfolg seiner Oper schrieb er nur ein paar belanglose Zeilen. Dann aber berichtete er (wörtlich!):

»... doch was mich erheblich mehr interessiert als die Musik, liebe Angelica, ist die Entstehung eines neuen Salats, dessen Rezept ich Dir widme. Man nehme Öl aus der Provence, englischen Senf, französischen Essig, ein wenig Zitrone, Pfeffer und Salz, mische alles gut durcheinander. Dann fügt man einige Stücke geschnittene Trüffel hinzu. Diese Trüffel geben der Mischung einen Duft, der jeden Feinschmecker in Begeisterung versetzen muss. Der Kardinal-Staatssekretär, den ich dieser Tage kennenlernte, hat mir für meine Entdeckung den Segen gegeben ...«

Rossini selber beschrieb damals seine Lebensphilosophie so: »Essen und Lieben, Singen und Verdauen – das sind in Wirklichkeit die vier Akte der Opera buffa, die man Leben nennt – das sich verflüchtigt wie der Schaum einer Flasche Champagner ...«

Wohlgemerkt: Die Musik kam in der Aufzählung erst an dritter Stelle.

Nach einer fulminanten und enorm lukrativen Gala-Tournee durch England übernahm Rossini die Leitung der Italienischen Oper in Paris. Doch er war nicht mehr das Arbeitstier von früher. Er war träge geworden. Zwar schrieb er pflichtgemäß ein paar Opern, aber sie waren nur durchschnittliche Erfolge. Das Feuer seines Genies schien erloschen. Nach einem letzten großen Meisterwerk, dem gefeierten »Wilhelm Tell«, gewissermaßen eine Trotzreaktion auf seine Kritiker, betrachtete Rossini sein Lebenswerk als abgeschlossen. Im Alter von 37 Jahren zog er sich von der Welt der großen Oper zurück, immerhin versehen mit einer lebenslangen Rente des französischen Staates. Er ging zurück in sein Heimatland Italien, wurde Direktor des Musik-Lyceums in Bologna, züchtete Schweine und interessierte sich fast nur noch für neue Rezepte.

»Ich bin einfach ein fauler Mensch«, erklärte er dazu einem Freund. »Warum soll ich noch arbeiten? Ich habe keine Kinder, und für mich selber habe ich genügend Geld für den Rest meines Lebens.«

Die Musik interessierte ihn jetzt nur noch am Rande. In einem Brief schrieb er: »Ich suche Motive für Musik – es erscheinen aber nur Pâtés, Trüffel und ähnliche Dinge vor meinem geistigen Auge.«

Inzwischen sah man ihm seine Leidenschaft für das Essen auch deutlich an. Der Dichter Théophile Gautier sagte von ihm: »Er ist von einer monströsen Korpulenz – seit sechs Jahren hat er seine Füße nicht mehr gesehen.« Stendhal drückte sich sogar noch deftiger aus: »Rossini ist praktisch erledigt. Er isst so viel wie drei Fresssäcke zusammen. Er ist unglaublich dick und verzehrt zwanzig Steaks am Tag.«

Seine Ehe mit der spanischen Sängerin Isabella Colbran ging auseinander, er verfiel in Depressionen und aß so unmäßig, bis er körperlich nur noch ein Wrack war. Zu seinem Glück lernte er in einem Schweizer Kurort Olympe Pélissier kennen, von der Balzac sagte, sie sei einmal die »schönste Hure von Paris« gewesen. Für Rossini aber war Olympe ein absoluter Glücksfall – sparsam, häuslich, geistreich, und endlich gewillt, ein anständiges, bürgerliches Leben zu führen.

Vor allem teilte sie seine Leidenschaft für gutes Essen. Einem Freund schrieb sie einmal: »Wir sind krank, mein Freund. Ist es vom zu vielen Essen, von der Langeweile oder von beidem? Ja, der Maestro und ich leben nur, um zu essen und wir widmen uns diesem Auftrag mit fast religiösem Eifer …«

VOM GOURMAND ZUM GOURMET UND MEISTERKOCH

Olympe nahm vom ersten Tag an Rossinis Leben in die Hand. Sie pflegte ihn und schirmte ihn von der übrigen Welt ab. In den ersten drei Jahren wohnten beide noch in Italien, abgeschottet von der übrigen Welt. Das Paar reiste von einem Kurort zum anderen, um Rossinis Krankheiten zu heilen. Nachdem die vielen Ärzte diese Krankheiten einigermaßen im Griff hatten, überredete ihn Olympe 1856, zurück nach Paris zu gehen. Rossini kaufte im Pariser Vorort Passy die komfortable Villa »Bonséjour«, die bald zu einem kleinen Wallfahrtsort für Prominente, Freunde und oft auch Bittsteller wurde. Rossini sonnte sich jetzt in seinem Ruhm. Hin und wieder ging er in Paris spazieren und genoss die Aufmerksamkeit, die er immer noch erregte. Manchmal auch bekam er tagsüber Besuch von ausgewählten Gästen.

So kam 1860 auch Richard Wagner zu ihm, der Rossini verehrte und sich ein interessantes Fachgespräch mit dem einflussreichen Kollegen und so ganz nebenher wohl auch Unterstützung erhoffte – aber am Schluss des fast einstündigen Gesprächs war Wagner doch enttäuscht. Denn Rossini sprang zwischendurch immer wieder auf und lief in die Küche – und jedes Mal entschuldigte er sich dann mit Sätzen wie: »Pardon, Monsieur Wagner – aber ich muss schnell nach meinen Makkaroni schauen!« – oder: »Ich bin gleich zurück, mein Freund. Aber Sie verstehen – ich muss mein Gericht jetzt mit etwas Wasser begießen ...«

Wagner soll später etwas verärgert gesagt haben: »Ich wollte mit ihm über Musik reden – aber Rossini hatte nur Makkaroni im Kopf ...«

In der Tat widmete sich Rossini nun fast nur noch seiner offenbar größten Leidenschaft: dem Sammeln und Erfinden von Rezepten, dem Kochen und dem Essen. In seiner Pariser Zeit, so heißt es, aß er etwas vernünftiger – im Alter wurde aus dem gefräßigen Gourmand ein Gourmet, der auch die Feinheiten des Essens genoss.

Jeden Samstag lud Rossini – oder besser gesagt: seine Frau Olympe – Gäste zu einem großen Essen ein, bei dem der Meister mit seinen Kochkünsten glänzen konnte. Aus dieser Zeit sind bis heute 48 seiner Rezepte erhalten – und meistens spielten dabei Trüffel eine große Rolle. Kein Wunder, denn Rossini wurde in Pesaro in Italien geboren – dem wichtigsten Trüffelgebiet Italiens.

ROSSINIS »MACCHERONI FIORENTINO«

Eines der berühmten Rezepte Rossinis gab seinen Freunden lange Zeit Rätsel auf: Wie brachte der Meister den unnachahmlichen Geschmack seiner »Maccheroni Fiorentino« zustande? Erst spät kam das Geheimnis heraus: Er kochte seine Makkaroni zunächst »al dente« und ließ sie etwas abkühlen. Dann injizierte er ihnen mit einer eigens für ihn konstruierten silbernen Spritze kleingehackte Stopfleber – und wärmte sie dann mit einer Sauce aus Butter, Parmesan und Gruyère vorsichtig wieder auf. Die berühmte silberne Spritze wurde nach seinem Tode auf einer Auktion von einem unbekannten Liebhaber teuer ersteigert.

Den Trick mit der Spritze hat Rossini übrigens wohl nicht selber erfunden, sondern dem neapolitanischen Musiker Nicolò abgeguckt, von dem man sich erzählte, dass dieser seine Makkaroni mit der linken Hand aß, während er mit der rechten seine Augen zuhielt, damit er bei diesem einmaligen Genuss nicht abgelenkt wurde. Eine Spritze zum Füllen hatte Nicolò angeblich schon lange vor Rossini entwickelt. Er injizierte damit Rindermark in seine Makkaroni, die dann zusammen mit der Stopfleber, Filets de Gibier und Trüffeln gekocht wurden.

Rossini war unglaublich stolz auf seine »Maccheroni Fiorentino« und die Feinschmecker seiner Epoche, die das Glück hatten, von Rossini dazu eingeladen zu werden, waren einhellig der Meinung, dieses Gericht sei absolut das Höchste der italienischen Kochkunst. Genauer gesagt: fast einhellig. Denn es gab eine berühmte Ausnahme: den Schriftsteller Alexandre Dumas.

Mit Dumas war das so ähnlich wie mit Rossini: Auch er war ein Genie in seinem Beruf – aber von seiner Berufung her fühlte er sich eher als Kochkünstler. Beide waren ständig auf der Jagd nach neuen Rezepten – und Dumas war ja bekanntlich auch der Meinung, sein wichtigstes Lebenswerk seien nicht seine Romane, sondern sein großes Kochbuch, das er zum Schluss seiner Karriere geschrieben hat – und das übrigens bis heute ein Verkaufsschlager ist.

Dumas hatte von Rossinis »Maccheroni Fiorentino« gehört. Obwohl er Makkaroni eigentlich nicht sonderlich mochte, wollte er für sein Buch unbedingt das Rezept haben. Rossini lud ihn deshalb ein, die »Maccheroni Fiorentino« doch einfach bei einem seiner Samstags-Diners zu genießen – nach dem Essen würde er ihm dann das Rezept dazu verraten.

Der berühmte Schriftsteller kostete die Speise – und beging dann einen unverzeihlichen Fehler: Er aß den Teller nicht leer, sondern ließ einen Teil der berühmten Makkaroni stehen. Rossini soll in seinem Stolz so verletzt und wütend gewesen sein, dass er Dumas daraufhin das versprochene Rezept nicht verriet. Vielleicht war es aber auch nur so, dass Rossini ihm das Geheimnis mit der Spritze nicht verraten wollte.

Wie dem auch sei – Dumas ging ohne das Rezept nach Hause und war nun auch seinerseits wütend. Anschließend erzählte er überall in der Pariser Gesellschaft: »Rossini mag sich den größten Komponisten aller Zeiten nennen – aber er ist niemals ein großer Makkaronist!«

Als Dumas gegen Ende seines Lebens sein berühmtes Kochbuch schrieb, brachte er darin auch ein Rezept für Makkaroni unter. Aber die berühmten »Maccheroni Fiorentino« von Rossini erwähnte er nicht.

ROSSINIS ALTERSSÜNDEN

Die Musik spielte für Rossini während seiner Pariser Zeit nur noch eine Nebenrolle. Und wenn, dann schrieb er ein paar weniger berühmte geistliche, liturgische Lieder, oder kleine, kurze und lustige Klavierstücke, mit denen er hin und wieder seine Gäste erfreute. Sie trugen bezeichnenderweise kulinarische Titel wie etwa: »Romantisches Gehacktes«, »Vier Vorspeisen: Radieschen, Anchovis, Gürkchen und Butter«, »Uff ... die Erbsen« oder »Kleiner Walzer mit Rhizinusöl«. Er sammelte die Noten davon in einem Umschlag, auf dem er als Inhalt »Alterssünden« vermerkte. Sie wurden nie veröffentlicht.

Diese letzten zwölf Lebensjahre in Paris, wo Rossini im Alter von 76 Jahren starb, waren die vielleicht glücklichsten Jahre seines ohnehin schon glücklichen Lebens. Einmal sagte er von sich: »Ich habe in meinem ganzen Leben nur dreimal geweint: Einmal, als eine meiner Opern durchfiel, das andere Mal, als ich Paganini spielen hörte, und das dritte Mal, als mir bei einer Kahnpartie eine herrlich gefüllte Pute über Bord fiel ...«

»TOURNEZ LE DOS!«

Anstelle von Rossinis berühmten Makkaroni habe ich hier ein anderes berühmtes Rezept des Meisters aufgenommen: die »Tournedos Rossini«. Diese Speise hat er einmal in seinem Lieblingsrestaurant Maison Dorée dem Küchenchef Casimir Moisson diktiert. Inzwischen sind die Tournedos Rossini zu einem der großen internationalen Standardgerichte geworden.

Es ist eine ausgesprochene Speise für den Herbst, denn alle Bestandteile sind in dieser Jahreszeit am schmackhaftesten: Die foie gras, die Stopfleber, schmeckt im Herbst am besten, die Trüffel ebenfalls, und auch das Rind ist noch satt von den herrlichen Sommerwiesen – und hat deshalb im Herbst und frühen Winter das beste Fleisch.

Tournedos nennt man besonders edle Fleischstücke vom Rind, die aus dem Mittel- oder Kopfstück des Filets geschnitten werden – zwischen 90 und 180 Gramm schwer, ein bis eineinhalb Zentimeter dick und mit einem Durchmesser von zehn bis zwölf Zentimetern. Die runden Filetstücke werden mit einer dünnen Scheibe Speck umwickelt und mit Küchengarn fixiert.

Darüber, wie diese Fleischstücke zu ihrem Namen kamen, gibt es eine hübsche kleine Geschichte. Möglicherweise muss man sie in die Kategorie »vielleicht nicht wahr, aber gut erfunden« einordnen: Rossini wollte seine neueste kulinarische Entdeckung vorführen. Seinem Koch hatte er vorher erklärt, er müsse diesmal in Anwesenheit der Gäste kochen. Dabei ging es ihm nicht nur um den Showeffekt, sondern auch darum, dass er seinen Koch ständig im Auge behalten und kontrollieren konnte. Der Koch war nicht gerade begeistert von dieser Idee und wandte ein: »Maestro, ich kann doch eine so banale Sache wie Fleisch schneiden nicht vor den Gästen ausführen!«

»Na dann drehen Sie den Gästen einfach dabei den Rücken zu!«, antwortete Rossini – auf Französisch: »Alors – tournez le dos!«

TOURNEDOS ROSSINI

MIT TRÜFFELN UND NUDELN IN STEINPILZSAUCE

ZUTATEN

(für 4 Personen)

Sauce

1 l Rinderfond
500 ml trockener Weißwein
1 EL Tomatenmark
60 g Mehl
60 g Butter
1 mittelgroße Dose Trüffeln
100 g Steinpilze
evtl. 4 Scheiben Brioche oder Graubrot

Tournedos

4 Tournedos
Salz, Pfeffer
2 EL Butter
2 EL Olivenöl
4 dicke Scheiben foie gras (Gänsestopfleber)
evtl. saure Sahne
1 EL Madeira
500 g Nudeln

TIPP

★ *Machen Sie nicht den Fehler, billigen Wein zu nehmen, weil Sie denken: Der wird ja doch nur verkocht! Gerade deshalb müssen Sie einen relativ guten Wein verwenden, der auch in konzentrierter Form noch einen guten Geschmack hat. Auf der anderen Seite sollte man es auch nicht übertreiben – es braucht nicht gerade ein Grand Cru zu sein.*

ZUBEREITUNG

1. Backofen auf 80 °C vorheizen. Fünf Teller darin erwärmen. Dann eine Sauce aus Steinpilzen und Trüffeln vorbereiten: Die Brühe mit dem Weißwein etwa auf die Hälfte einkochen. Anschließend das Tomatenmark zugeben. In einem zweiten Topf das Mehl in der Butter hellbraun anschwitzen und mit dem Trüffelwasser aus der Dose ablöschen.
2. Dann die Brühe-Weißwein-Mischung und die kleingehackten Steinpilze dazugeben und das Ganze köcheln lassen.
3. Nun die Tournedos salzen, pfeffern und dann in einer Pfanne mit der Butter und dem Olivenöl schön braun braten – und zwar so, dass sie innen noch etwas rot sind. Dann eine Scheibe Gänseleber (foie gras) darauflegen und, wenn man will, obenauf noch eine Haube von saurer Sahne geben. Zum Schluss noch mit Pfeffer und Salz würzen. Warm beiseitestellen.
4. Die Pfanne mit Madeira ablöschen und die vorbereitete Steinpilz-Trüffelsauce dazuschütten. Gegebenenfalls noch einmal mit etwas saurer Sahne binden.
5. Nun die Nudeln al dente kochen und servieren: auf der einen Seite die Tournedos auf einem Spiegel von Sauce – gegenüber die Nudeln.
6. Wenn man will, kann man auch noch 4 Scheiben Brioche oder auch Graubrot auf die Größe der Tournedos schneiden, toasten und die Tournedos gewissermaßen auf diesem Sockel servieren.

DER ERFINDER DER BRATKARTOFFELN

Natürlich hat er die Bratkartoffeln nicht erfunden – aber eins steht fest: Antoine Augustin Parmentier war der Mann, der die Kartoffel im 18. Jahrhundert mit einem großen Promotion-Coup salonfähig machte.

Dabei kannte man diese unscheinbare Knolle damals schon seit rund 200 Jahren, denn sie wurde bereits im 16. Jahrhundert von dem spanischen Konquistador Francesco Pizarro bei den Inkas entdeckt und nach Europa gebracht. Aber hier fand sie zunächst wenig Anklang.

Es gab zwar immer wieder Versuche, sie als Nahrungsmittel zu verwenden, aber so richtig konnte sich keiner damit anfreunden. Besonders in Frankreich fand sie keinen Anklang und galt bestenfalls als Schweinefutter. König Ludwig XIII. verbannte sie von seinem Tisch, weil sie ihm zu widerlich schmeckte. Man verdächtigte die Kartoffel sogar, gesundheitsschädlich zu sein – das ging so weit, dass ihr Anbau einmal durch das

Parlament von Besançon mit der Begründung verboten wurde, sie verursache die Lepra.

1756 sorgte Friedrich der Große endlich dafür, dass die Kartoffel zumindest in Preußen gebührende Beachtung fand, indem er per königliche Order den Anbau befahl.

Hier kommt nun der »Kartoffel-Missionar« Antoine Augustin Parmentier ins Spiel: Der Legende nach entdeckte er die Kartoffel schon als Knabe – er sei, so erzählen seine Biographen, beim Spiel mit Kameraden im Wald von Limousin plötzlich auf eine wilde Kartoffelpflanze gestoßen, habe sie fasziniert angestarrt und darüber sein Spiel vergessen.

Die Wirklichkeit sah etwas unromantischer aus: Er geriet während des Siebenjährigen Krieges in preußische Kriegsgefangenschaft. In Deutschland war damals die Kartoffel schon bekannt – aber vor allem als Schweinefutter. Und weil man zu den damaligen Zeiten nicht gerade zimperlich mit Kriegsgefangenen umging, bekamen auch Parmentier und seine Leidensgenossen vorwiegend Kartoffeln zu essen – und zwar roh.

Trotz dieser nicht gerade üppigen Ernährung scheint es dem jungen Parmentier in Deutschland nicht schlecht gefallen zu haben, denn nach Kriegsende blieb er da und nahm in Frankfurt am Main eine Stelle als Gehilfe bei einem Apotheker namens Meyer an. Und dort – wie das Schicksal so spielt – begegnete er wieder dieser seltsamen Pflanze, denn zufällig experimentierte auch Apotheker Meyer mit der Kartoffel, allerdings nur, um daraus Alkohol zu gewinnen. Parmentier wies ihn darauf hin, wie gut sich die Kartoffel auch als Nahrungsmittel eignet – immerhin hätten sich nicht nur Schweine, sondern auch Kriegsgefangene damit ganz gut ernährt. Meyer stimmte nach einigem Zögern zu, die Kartoffel versuchsweise auch zu essen – aber nur in gekochtem Zustand. Mit diesem Experiment begann die Kartoffel Mitte des 18. Jahrhunderts ihren Siegeszug durch Europa.

Parmentier kehrte 1763 nach Frankreich zurück und wurde erst Angestellter, dann Chef der Apotheke des Invalidendoms in Paris. Aber trotz der vielen Arbeit im neuen Beruf vergaß er »seine« Kartoffeln nicht: Im Garten des Krankenhauses pflanzte er ein ganzes Feld davon an. Bei einem Besuch im Invalidenkankenhaus sah König Ludwig XVI. das Feld mit diesen seltsamen weißen Blumen. Er erkundigte sich, was das denn für Pflanzen seien, und seine Höflinge erklärten ihm: »Das ist eine Torheit Ihres Untertans Parmentier, der sich einbildet, diese Pflanze könne die Rettung für die Armen sein ...«

Aber Parmentier ließ sich weder durch Unverstand noch durch Spott entmutigen – und als in den Jahren 1767 bis 1769 in Frankreich große Hungersnöte herrschten, fing man an, ihn ernst zu nehmen. Er war inzwischen frühzeitig pensioniert worden und hatte nun alle Zeit, sich ganz seiner fixen Idee zu widmen, die Kartoffel sei das Mittel gegen Hungersnöte. Er fand die Unterstützung gelehrter Herren an den Universitäten, von Voltaire und schließlich auch von König Ludwig XVI. Dieser ließ 1786 ein ganzes Kartoffelfeld anpflanzen und dann von Soldaten bewachen, um bei der Bevölkerung den Eindruck zu erwecken, es müsse sich bei diesen Pflanzen wohl um etwas ganz Kostbares handeln.

Parmentier überreichte dem König und der Königin die ersten Blüten der Kartoffelpflanze als Geschenk und sagte dazu: »Ich wünschte, dass ein Zehntel des französischen Bodens mit Kartoffeln bepflanzt würde – dann hätten wir Brot für alle!«

Der König und die Königin wurden nun richtige »Kartoffel-Fans« und trugen sogar eine Kartoffelblüte im Knopfloch. Bald wurde das am ganzen Hof Mode und man zahlte schließlich bis zu 10 Louis für eine einzige Blume.

Im Jahr 1787 fand ein denkwürdiges – heute würden wir sagen – »PR-Event« in Paris statt. Parmentier ließ ein ganzes Menü mit zehn Gängen nur aus Kartoffeln herstellen: Suppen, verschiedenen Saucen, Frittüren, Kuchen, Biscuits, Brote – und schließlich sogar eine Art Kaffee, nur aus Kartoffeln hergestellt. Den krönenden Abschluss bildete dann – was sonst? – ein Kartoffelschnaps.

Parmentier kam im Laufe der folgenden Jahre zu immer höheren Ehren, er wurde Experte für das Bäckereiwesen, schrieb das Fachbuch »Der perfekte Bäcker« und wurde schließlich sogar von Napoleon zum Baron und Offizier der Ehrenlegion ernannt. Er starb 1813 als Generalinspekteur der Santé.

Heute ist der Name Parmentier weitgehend in Vergessenheit geraten. Eine Zeitlang noch nannte man die Kartoffel in Frankreich die »Parmentière« – aber inzwischen nennt man sie nur noch »Pomme de Terre«, was so viel bedeutet wie »Erdapfel«. Nur ein paar Orte in Frankreich, etwa die Avenue Parmentier in Paris und die Metro-Station Parmentier, erinnern noch an diesen großen Mann. Und einige Küchengerichte, bei denen Kartoffeln verwendet werden – wie etwa das berühmte »Hachis Parmentier«.

HACHIS PARMENTIER

Ein ganz einfaches Rezept – und schnell zuzubereiten.

ZUTATEN

(für 4 Personen)

2 EL feingehackte Zwiebeln
2 EL Schweineschmalz (oder auch Pflanzenfett)
300 g Rindergehacktes
2 kleine Büchsen Tomatenmark
je 1 Prise Thymian, Majoran, Basilikum, Salz, Pfeffer
1 oder 2 scharfe Chili
1 EL Petersilie
1 kleine Handvoll Rosinen
Kartoffelpüree (verfeinert mit Eigelb und Muskatnuss)
50 g geriebener Gruyère-Käse
Panierbrösel
Butterflöckchen zum Gratinieren

ZUBEREITUNG

1. Die Zwiebeln in einer Pfanne mit Fett glasig schmelzen, dann die Temperatur erhöhen, das Rindergehackte hineingeben und unter ständigem Rühren ganz scharf anbraten. (Durch das Rühren wird jedes einzelne Fleischstückchen gesondert gebräunt, so dass aus dem Ganzen keine »große Frikadelle« entsteht.)
2. Nun die Temperatur zurücknehmen, das Tomatenmark und alle Gewürze (außer Petersilie und Rosinen) hinzufügen und das Ganze etwa 15 Minuten bei geschlossenem Deckel vor sich hin köcheln lassen. Erst in den letzten fünf Minuten die Petersilie und dann die Rosinen in die Pfanne geben.

3. Während das Gehackte mit seinen Zutaten vor sich hin köchelt, ein Kartoffelpüree zubereiten, am besten aus mehlig kochenden Kartoffeln. Mit Eigelb und einer Prise Muskatnuss verfeinern.
4. Nun den Pfanneninhalt in eine Auflaufform geben, etwas Kartoffelpüree darüberschichten und dieses mit einer Mischung aus Käse und Bröseln bestreuen. Zum Gratinieren ein paar Butterflöckchen darübergeben und die Auflaufform bei Grillfunktion in den Ofen schieben.

FERTIGSTELLUNG

Wenn die Oberfläche schön goldbraun ist: fertig zum Servieren – am besten mit einem frischen Salat.

Ein bekanntes Sprichwort sagt: »Man isst auch mit den Augen.« Aber ein anderes Sprichwort sagt: »Das Auge vergisst schneller als Gaumen und Nase.«

MONSIEUR D'ALBIGNAC, ODER: VOM SALATMIXER ZUM MILLIONÄR

Monsieur d'Albignac lebte als armer französischer Immigrant in London. Als er eines Tages in einem Restaurant eine bescheidene Mahlzeit einnahm, saßen am Nebentisch ein paar junge, reiche Engländer. Als sie erkannten, dass Albignac Franzose war, kam einer von ihnen an seinen Tisch und fragte: »Herr Franzose – man sagt, die Franzosen seien Meister in der Zubereitung von Salatsaucen. Würden Sie uns die Güte erweisen, unseren Salat zu verfeinern?«

D'Albignac sagte zu und bestellte beim Wirt alles, was eine gute Salatsauce braucht – und es gelang ihm, den jungen Engländern zu einem bis dahin für sie unbekannten Salatgenuss zu verhelfen.

Man kam miteinander ins Gespräch und die Engländer erfuhren, dass der Franzose von einer kargen Rente der englischen

Regierung lebte. Man drückte ihm ein paar Pfund in die Hand, die er etwas zögernd annahm, und ließ sich seine Adresse geben.

Das war der Anfang einer ungewöhnlichen Karriere, denn das Gerücht von dem unglaublichen französischen »saladmaker« ging bald in der englischen feinen Gesellschaft um und jeder lud ihn ein, seine Künste zu zeigen.

Bald fuhr er mit einer eigenen Kutsche durch London, ein Diener trug für ihn einen Mahagoni-Koffer mit den benötigten Ingredienzien – darunter auch so geheimnisvolle Dinge wie Soya, Kaviar, Trüffel oder Anchovis. Später baute er sein Geschäft noch aus und verkaufte seiner reichen englischen Kundschaft viele kleine Küchengeräte. Als der »fashionable saladmaker« einige Jahre später wieder in seine Heimat zurückkehren konnte, war er ein vermögender Mann. Er kaufte sich ein Landhaus im Limousin und legte sein Geld gewinnbringend an. Und wenn er nicht gestorben ist, so lebt er noch heute, wie es so schön heißt.

EIN EINFACHER UND TROTZDEM RAFFINIERTER

FRÜHLINGSSALAT

Ein Rezept von HEINZ WINKLER

ZUTATEN

(für 4 Personen)

200 g Sojabohnen
1 EL Öl, Salz
250 g kleiner Blattspinat
50 g Löwenzahnsalat
1 Bund Schnittlauch
2 Bund Radieschen
4 Pellkartoffeln

Tofu-Mayonnaise

80 g Tofu, geschnitten
6 EL Wasser
Saft von ½ Zitrone
1 TL Senf
1 TL Sojasauce

ZUBEREITUNG

1. Sojabohnen am Vortag einweichen, das Wasser abschütteln, mit Öl in Salzwasser weichkochen (dauert im Schnellkochtopf circa 30 Minuten). Dann durch ein Sieb gießen.
2. Spinat von den Stielen befreien, waschen und trockenschleudern. Löwenzahn in Streifen schneiden, Schnittlauch feinschneiden. Radieschen waschen, putzen und in feine Scheiben schneiden.
3. Alle Zutaten für die Tofu-Mayonnaise in den Mixer geben und feinmixen. Sojabohnen in eine Schüssel geben und mit der Tofu-Mayonnaise vermischen. Dann Spinat, Löwenzahn, Radieschen und Schnittlauch dazugeben und locker untermischen. Rasch servieren! Dazu pro Person eine Pellkartoffel reichen.

DER DICHTER UND DIE MELONEN

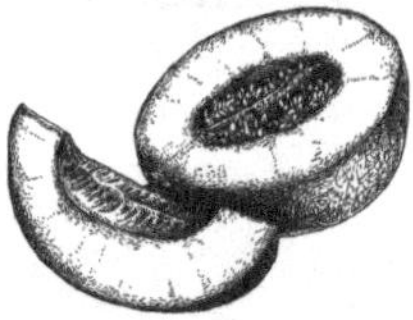

Jeder kennt die Heldentaten der drei Musketiere – aus dem Roman, aus Cartoons und aus unzähligen Filmen. Und wer hätte nicht in seiner Jugend mit dem Grafen von Monte Christo gebangt und gezittert?

Der Schöpfer dieser Romanfiguren, Alexandre Dumas, schrieb in seinem Leben allein stolze 302 Romane, dazu ein gutes Dutzend Theaterstücke, Reiseberichte und Novellen. Er arbeitete bis zu zwölf Stunden täglich. Für ein Theaterstück brauchte er nicht länger als sechs Tage. Seine 600 Manuskripte sollen über 37 000 Figuren enthalten. Allerdings bewältigte er diese Massen nicht allein, sondern er betrieb eine richtige Schreibfabrik: Er selber erfand in seiner überbordenden Fantasie die Figuren und die Handlungen – dann ließ er andere Autoren für sich schreiben.

Dumas war der Sohn des ersten farbigen Generals der französischen Revolutionsarmee. Seine Großeltern waren ein nordfranzösischer Aristokrat und eine afrikanische Sklavin aus dem heutigen Haiti. Eines Tages erging sich auf einer Gesellschaft irgendein Salonlöwe in Gegenwart von Dumas in rassistischen Bemerkungen über Schwarze – immer lauter und provozierender. Dumas tat, als ob er nichts höre. Schließlich sprach ihn der Mann direkt an: »Herr Dumas, Sie kennen sich doch bestens mit Negern aus!«

Dumas schaute den Rüpel freundlich an und sagte höflich: »Sehr wohl, mein Herr. Mein Vater war Mulatte, mein Großvater Neger, mein Urgroßvater Affe. Sehen Sie: Meine Familie fängt da an, wo Ihre aufhört!«

Aber Alexandre Dumas war nicht nur ein schlagfertiges und kreatives Genie – er war auch ein begeisterter Feinschmecker und Kenner der kulinarischen Kunst. Eines Tages erhielt Dumas einen Brief vom Stadtrat von Cavaillon mit der Bitte, er möge doch vielleicht einige seiner besten Werke für die neu errichtete Stadtbibliothek stiften. Die Auswahl wolle man ihm gerne selber überlassen.

Nun muss man wissen: Cavaillon ist die Stadt, in deren Region die besten französischen Melonen gezüchtet werden. Also schrieb der Dichter zurück, er wolle sich nicht selber zum Richter über seine Werke machen und sei daher geneigt, der Bibliothek seine gesammelten Werke zu stiften – bisher rund 400 bis 500 Bücher. Aber er bat um eine Gegenleistung: Der Stadtrat möge sich bereit erklären, ihm dafür im Gegenzug eine jährliche »Leibrente« von zwölf Melonen auszusetzen.

Der Stadtrat stimmte zu, und so kam die Bücherei der Stadt Cavaillon zu einer vollständigen Sammlung der Dumas'schen Werke – der Dichter aber erhielt bis zu seinem Tode jährlich zur Erntezeit zwölf herrliche Melonen von Cavaillon zugeschickt.

In seinem »Dictionnaire de Cuisine« hat Dumas übrigens beschrieben, wie er die Melonen am liebsten isst: in Scheiben geschnitten, mit Salz und Pfeffer bestreut, und dazu ein Glas Madeira oder Marsala.

Dumas war nicht der einzige prominente Melonenliebhaber in der Geschichte Frankreichs: Katharina von Medici übertraf ihn da bei weitem. Ihr ist es zu verdanken, dass diese Frucht im Süden Frankreichs angepflanzt wurde. Sie aß, nein man muss schon sagen: sie fraß die Melonen kiloweise. Eines Tages, so wird berichtet, beklagte sie sich bei ihrer Cousine Jeanne d'Albret über eine Magenverstimmung. Diese bemerkte liebenswürdig, eine solche Indisposition sei doch vielleicht nicht ganz so anormal, wenn man bedenke, wie viele Melonen sie an diesem Tage gegessen habe – es waren nämlich 27!

Da wurde die Königin wütend und rief aus: »Es sind nicht diese herrlichen Früchte des Gartens, die mich krank machen, sondern die Sorgen um mein Königreich!«

Zurück zu Dumas, der folgenden Entschluss fasste: »Ich will die 500 Bände meines Werkes mit einem Kochbuch krönen.« Also schrieb er das »Dictionnaire de Cuisine« – eine Sammlung von Rezepten, Kochkniffen und kulinarischen Reisebeschreibungen. Er hat die Veröffentlichung dieses Buches leider nicht mehr erlebt: Er floh vor der deutschen Belagerung von Paris nach Dieppe und starb dort im Jahre 1870, kurz vor der Drucklegung seines Buches. Das »Dictionnaire de Cuisine« aber ist bis heute immer noch ein Bestseller und ein viel zitiertes Standardbuch.

MELONEN-GAZPACHO

Ein sommerlicher Genuss als Vorspeise in drei Variationen. Die Zutaten ändern sich etwas, aber die Zubereitung ist immer die gleiche: Alle Zutaten zusammen in den Mixer, dann in den Kühlschrank – und Stunden später auf den Esstisch.

ZUTATEN FÜR VARIANTE 1

(für 4 Personen)

1 große ausgereifte Cantaloupe-Melone
350 g Tomaten
Saft einer Zitrone
1 EL Olivenöl
Basilikum-Blätter
½ TL Currypulver
3 Messerspitzen Paprikapulver
Salz, Pfeffer

ZUBEREITUNG

1. Melone aufschneiden, entkernen, das Fruchtfleisch mit einem Löffel herausschälen, in Würfel schneiden und in den Mixer geben. Die Tomaten auf der Unterseite kreuzweise einritzen, 30 Sekunden lang in kochendes Wasser tauchen, mit einem Löffel herausholen und in kaltem Wasser abschrecken. Dann die Schale abziehen. Das Fruchtfleisch in kleine Würfel schneiden und in den Mixer geben. Zitronensaft, Olivenöl, zwei Basilikumblätter, Currypulver, Paprikapulver, Salz und Pfeffer ebenfalls in den Mixer geben. Dann mixen, bis die Masse eine cremige Suppe ist. Diese dann in Suppenschalen füllen und mindestens für 1 Stunde in den Kühlschrank stellen.
2. Zum Servieren mit je einem Basilikumblatt dekorieren.

ZUTATEN FÜR DIE ETWAS MARKANTERE VARIANTE 2

½ Melone
2 große Tomaten
Saft einer Zitrone
1 Knoblauchzehe
2 Spritzer Tabasco-Sauce
2 EL Apfelessig
etwas Piment d'Espelette
Salz und Pfeffer

ZUTATEN FÜR VARIANTE 3 MIT GURKE

½ Melone
½ Gurke
¼ Zwiebel
1 Knoblauchzehe
Saft einer Zitrone
2 EL Apfelessig
etwas Salz und Pfeffer
ein paar Fetakäsewürfel – sowohl in die Suppe als auch zusammen mit ein paar kleinen Gurkenwürfeln und ein paar Minzblättern zur Verzierung

> ***»Wenn ein Koch keine Petersilie hat, bleibt ihm nichts anderes übrig, als seinen Beruf aufzugeben.«***
>
> Alexandre Dumas

KÖNIG STANISLAUS UND DIE ZWIEBELSUPPE

Emile Zola nannte sie den »Bauch von Paris«. Neben dem Eiffelturm waren sie die wohl berühmtesten Bauwerke der französischen Hauptstadt. Und wenn ich Sie jetzt noch an das Musical »Irma la Douce« erinnere, das genau an diesem Ort spielt, dann wissen Sie sicher, wovon ich rede: von den alten Pariser Markthallen – oder »les halles«, wie die Franzosen sie einfach nennen.

Bis zum Jahr 1969 gab es sie noch – mitten im Zentrum der Stadt, genau dort, wo jetzt das moderne Shoppingzentrum »Forum des halles« steht. Dann sind sie leider der Modernisierung zum Opfer gefallen und wurden – trotz zahlreicher Proteste – in die unromantische, aber überaus praktische Nähe des Flughafens verlegt.

Nur noch ein paar Bistros sind übriggeblieben, die früher am Ausgang der Hallen standen. In der guten alten Zeit – also vor 1969 – gab es dort viele solcher kleinen Lokale, die bis spät in die Nacht oder bis zum frühen Morgen geöffnet waren. Nach einer Party oder einem Theaterbesuch entschloss man sich oft, ins »Quartier des Halles« zu gehen, um noch einen Imbiss zu nehmen oder etwas zu trinken. So traf sich in diesem Stadtviertel jede Nacht ein buntes Völkchen: Arbeiter im Blaumann, seriöse Geschäftsleute (nicht immer mit seriösen Absichten), Prostituierte, biedere Bürger, Theaterbesucher im Smoking oder neugierige Touristen. Und wenn der Hunger nicht ausreichte, um eine Schweinshaxe oder ein großes Steak zu essen, dann aß man eben nur die berühmte traditionelle französische Zwiebelsuppe.

Die »Halles« gibt es nicht mehr – aber die gute alte Zwiebelsuppe kann man immer noch in der einen oder anderen Kneipe rund um die alten Hallen finden. Jene Zwiebelsuppe, die neben der Gauloises-Zigarette, dem Viertel Rotwein und dem knusprigen Baguette fast schon zum Symbol französischer Lebensart geworden ist.

Alexandre Dumas erzählt in seinem »Grand dictionnaire de Cuisine« eine hübsche Anekdote, bei der die Zwiebelsuppe eine Rolle spielt. Sie handelt von dem in Frankreich legendären polnischen König Stanislaus Leszinski, der in seinem Leben gleich zweimal zum polnischen König gekrönt wurde – und zweimal ins Exil gehen musste.

Eines Tages machte sich dieser Stanislaus auf, um seine Tochter und seinen Schwiegersohn, den König von Frankreich, zu besuchen. Am Abend machte er Zwischenstation in einem Hotel in Chalon-sur-Saône und ließ sich dort eine Zwiebelsuppe servieren. Als er den ersten Löffel probierte, war er hingerissen:

Das war die beste Zwiebelsuppe, die er je gegessen hatte! Er war so begeistert, dass er unbedingt das Rezept wissen wollte, wofür er sogar seine Reise unterbrach und über Nacht blieb. Am Morgen gab es dann in der Hotelküche eine wohl einmalige Sensation: Da tauchte nämlich in aller Herrgottsfrühe ein leibhaftiger König im Morgenmantel auf, um dem Koch über die Schulter zu schauen und zu sehen, wie dieser die himmlische Zwiebelsuppe zubereitete.

ZWIEBELSUPPE »IRMA LA DOUCE«

ZUTATEN

(für 4 Nachtschwärmer)

200 g Zwiebeln
30 g Butter
etwas Mehl
1,5 l Rinderfond
1 Glas trockener Weißwein
1 Lorbeerblatt
8 halbe Schnitten gegrilltes Weißbrot
125 g geraspelter Gruyère (oder auch Comté, Beaufort, Emmentaler)

ZUBEREITUNG

1. Die Zwiebeln in Scheiben oder Würfel schneiden. Die Butter in der Pfanne schmelzen lassen, mit dem Mehl bestäuben und darin die Zwiebeln unter ständigem Rühren anbräunen (aber keinesfalls verbrennen!).

2. Rinderfond und Weißwein zugießen, das Lorbeerblatt zugeben und 30 Minuten lang köcheln lassen.
3. In der Zeit den Ofen in Grill-Einstellung vorwärmen und 4 halbierte Weißbrotscheiben grillen.
4. Das Brot und die Hälfte des Käses auf den Boden feuerfester Terrinen (oder feuerfester Suppentassen) legen, diese dann nur bis zur Hälfte mit dem Rinderfond auffüllen – nicht mehr, weil das Brot und der Käse sich aufblähen.
5. Dann die zweite Hälfte des Brots auf die Suppe legen und mit den Käseflocken bestreuen. Die Gefäße in den Ofen schieben und etwa 15 Minuten lang gratinieren.
6. Sofort danach servieren, damit das Brot sich nicht in der Suppe verteilt.

»Eure Hoheit – wenn man eine solche Suppe nicht mit dem ihr gebührenden Respekt essen kann, dann sollte man sie nicht bestellen.«

Frédéric Delair, Chef des Restaurants La Tour d'Argent, 1890 zur Großherzogin Maria Pavlowna, die beim Schlürfen der Suppe redete

DER KÖNIG UND DAS LADENMÄDCHEN

Heute würde eine solche Geschichte die Spalten der Klatsch-Illustrierten in aller Welt füllen – mit Überschriften wie: »Ladenmädchen erobert das Herz des Königs« oder »Wer ist die junge Schönheit an der Seite Seiner Majestät?«

Die Rede ist von Ludwig XV. und der 16-jährigen Marie-Jeanne Bécu. Es gibt viele Gerüchte über das Vorleben der jungen Dame und man sagt auch, dass es kein reiner Zufall gewesen sei, der sie im Spiegelsaal von Versailles dem König begegnen ließ. Das sei, so erzählt man sich, eine fein gesponnene Intrige einiger Liebhaber der jungen Dame gewesen, die sich dadurch Einfluss am Hofe erhofften.

Wie auch immer: Der König sah sie – und es war Liebe auf den ersten Blick. Bald nachdem er sie kennengelernt hatte, wurde sie seine Geliebte und verdrängte die berühmte Madame Pompadour in der Gunst des Königs. Damit sie hoffähig wurde und sich auch offiziell dem Protokoll nach in der Nähe des Königs aufhalten durfte, verheiratete man sie der Form halber mit dem Grafen Guillaume du Barry (dem Bruder eines ihrer früheren Liebhaber), der sich für eine Zahlung von fünftausend Pfund bereit erklärte, sie gleich nach der Hochzeit zu verlassen und in seine Heimat Toulouse zurückzukehren.

Nun endlich konnte sie den Platz als offizielle Mätresse des Königs einnehmen. Die Historiker sind sich einig: Sie war ein kleines Luder – aber sie machte den König glücklich. Er war inzwischen 60 Jahre alt geworden und sagte zu einem seiner Freunde: »Sie bereitet mir Freuden, die ich vorher nicht kannte.« Damit spielte er auf die bekannte Tatsache an, dass die große Madame de Pompadour, seine bisherige Liebhaberin, eine Menge positiver Eigenschaften hatte: Sie war witzig, intelligent, eine gute Gastgeberin und eine geschickte Diplomatin. Aber eine überragende Liebhaberin war sie nicht, wie sie es selber einer Freundin einmal gestanden hatte. Und so hatte die kleine Marie-Jeanne beim König leichtes Spiel.

Aber Madame Dubarry, wie sie nun allgemein genannt wurde, machte nicht nur den König glücklich – sie verstand es auch schnell, sich überall in der Pariser Gesellschaft Freunde zu schaffen. Sie war elegant, großzügig, gutmütig und hatte eine überaus sympathische Ausstrahlung. Außerdem war sie auch noch die Tochter eines Kochs und kannte sich also in Küchendingen recht gut aus. Eine ausgesprochene Schwäche hatte sie übrigens für Blumenkohl. Um dieses damals noch recht exotische Gemüse im Hofgarten züchten zu können, ließ ihr Gärtner sich auf ihr Geheiß eigens Samen aus Zypern kommen. Zu Ehren der außergewöhnlichen Madame Dubarry schmückt man bis heute Gerichte, in denen Blumenkohl eine Rolle spielt, gerne mit dem Zusatz »à la Dubarry«.

In kulinarischen Dingen verstand sie sich prächtig mit ihrem Geliebten, dem König – denn auch der war schon von Jugend an ein passionierter Koch. Unter seiner Herrschaft entwickelte sich Frankreich endgültig zu dem führenden Land der Esskultur. Montesquieu drückte es einmal so aus: »Anderswo isst man – in Frankreich wird diniert.«

BLUMENKOHLAUFLAUF

Dieses Gericht ist schnell zubereitet. Man kann es als Vorspeise servieren (zum Beispiel in kleinen feuerfesten Töpfchen) oder auch als Hauptspeise – alleine oder als Zugabe zu Fleisch.

ZUTATEN

(für 4 Personen)

1 Blumenkohl (ca. 1 kg)
Essig
Salz, Pfeffer
100 g Zwiebeln
80 g durchwachsener Speck
200 g Fleischwurst
Öl

Sauce

70 g Butter
30 g Mehl
500 ml Milch
Salz, Pfeffer
100 ml Sahne
1 Eigelb
100 g frisch geriebener Käse (z. B. Gruyère oder auch Tilsiter)
1 Bund Schnittlauch
etwas Paniermehl

ZUBEREITUNG

1. Blumenkohl gründlich waschen und in Essigwasser legen, um eventuell im Inneren vorhandene Raupen oder Schnecken zu entfernen; dann in einem hohen, zugedeckten Topf mit gerade so viel Wasser zum Kochen bringen, dass die Blumenkohl-Röschen darin eintauchen können. Wenn das Wasser kocht, die Röschen hineinwerfen und 10 Minuten kochen lassen.
2. Abtropfen – und dann erneut in kochendes Wasser werfen, diesmal in Salzwasser (10 g Salz pro Liter Wasser) – und in diesem Wasser dann langsam etwa eine Viertelstunde lang garkochen. Die Röschen anschließend vorsichtig etwas ausdrücken.
3. Zwiebeln schälen und Speck und Fleischwurst in kleine Würfel schneiden. Das Öl in der Pfanne erhitzen, Zwiebeln und Speck darin anbraten. Zum Schluss die Speck- und Wurstwürfelchen für einen Augenblick mit dazugeben und auch sie anbraten lassen. Mit Salz und Pfeffer würzen und unter den Blumenkohl mischen.
4. Jetzt zunächst eine einfache Béchamelsauce zubereiten: Etwa 50 g Butter zerlassen, Mehl darunterrühren und in der Butter zergehen lassen, ohne dass es braun wird. Dann die Milch und die Sahne zugießen und gut durchrühren, evtl. salzen und pfeffern und 20 Minuten lang kochen lassen, dabei immer wieder rühren. Nun die so gewonnene Béchamelsauce verfeinern: Eigelb hineingeben, dann den fein geriebenen Käse (bis auf einen Rest!) und schließlich den kleingeschnittenen Schnittlauch.
5. In eine ausgefettete Form den Blumenkohl einfüllen, die Sauce darübergießen. Der restliche Käse wird mit Paniermehl vermischt und darübergestreut, die restliche Butter in Butterflocken darauf gegeben – und das Ganze im Ofen überbacken (ca. 25 Minuten bei 200 °C).

TIPPS

- ★ *Geben Sie ein Stück Brot in das Wasser (auch schon beim ersten Aufkochen!), um den aufdringlichen Blumenkohlgeruch zu vermeiden. Auch etwas Zitrone tut hier gute Dienste.*
- ★ *Geben Sie eine Prise Zucker mit in das Wasser – der Blumenkohl bleibt schön weiß.*
- ★ *Man kann den Blumenkohl auch in Milch statt in Wasser garen – er wird dann besonders zart.*
- ★ *Geben Sie ein paar grüne Kohlblätter mit in das Wasser – das Gericht wird dadurch besonders herzhaft!*

»Die Liebe eines Mannes wird im Bett gewonnen und bei Tisch erhalten«, sagte die weise Jeanne-Antoinette Poisson, bekannt geworden als Madame de Pompadour. Und sie setzte noch hinzu: »Auch ein König ist ein Mann.«

DER APFELKUCHEN DER GESCHWISTER TATIN

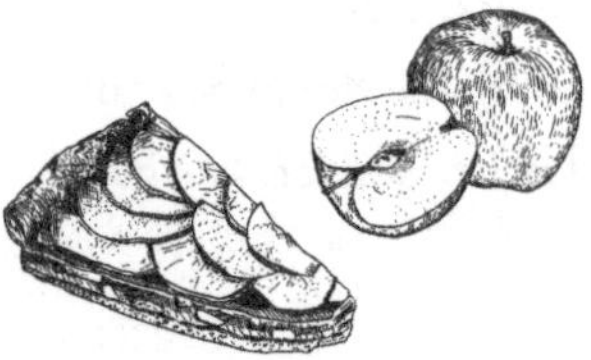

In der kleinen Stadt Lamotte-Beuvron in der Sologne gibt es ein kleines, aber berühmtes Hotel mit dem Namen Hotel Tatin. Dieses Hotel ist die Wiege einer der berühmtesten Nachspeisen Frankreichs – nämlich der Tarte Tatin, auch ausführlicher Tarte des Demoiselles Tatin genannt. Die Schwestern Fanny und Caroline Tatin, die in diesem Haus bis zum Jahr 1907 ein Gasthaus namens Le Terminus betrieben, haben hier angeblich diesen Klassiker der französischen Küche erfunden.

Fast jeder Franzose kennt die schöne Geschichte, wie diese Spezialität entstanden ist: Die Schwestern Tatin waren wegen ihrer Apfelkuchen in der ganzen Gegend bekannt – so bekannt, dass sogar der König schon davon gehört hatte. Eines Tages begab es sich, dass er auf einer Jagd in der Nähe von Lamotte-Beuvron war. Und als Seine Majestät hungrig wurde, kam er auf die Idee, den berühmten Schwestern einen Besuch abzustatten und deren hochgelobten Apfelkuchen zu kosten.

Fanny und Caroline waren wegen des hohen Besuchs so aufgeregt, dass eine von ihnen aus Versehen die Äpfel mit dem Zucker schon in die Kuchenform gab, noch bevor der Teigboden darin war. Als sie den Fehler bemerkte, war es schon zu spät, einen neuen Apfelkuchen zuzubereiten – denn Seine Majestät wurde schon ungeduldig. Außerdem begannen die Apfelstücke schon braun zu werden und zu karamellisieren. Also versuchte die Kuchenbäckerin, den Schaden zu reparieren, und legte den Teigboden auf die Äpfel obenauf. Sobald der Boden gar war, stülpte sie das Ganze umgekehrt auf den Teller und servierte dem König diesen umstürzten Kuchen. Der König kostete – und war so begeistert, dass er noch nach einem weiteren Stück verlangte. So endet diese Geschichte also gut – wie alle Märchen. Denn leider ist sie nur ein Märchen, auch wenn die meisten Franzosen auch heute noch glauben, dass es sich so und nicht anders zugetragen hat.

In Wirklichkeit ist dieses Rezept des »umgedrehten Apfelkuchens« ein bekanntes regionales Rezept der Sologne. Möglicherweise waren die Geschwister Tatin aber tatsächlich sogar die Erfinder dieser Spezialität – es gibt Forscher, die die Geschichte so erzählen:

Die Schwestern waren spezialisiert auf Äpfel mit Zucker, die in langstieligen Pfannen über Holzfeuer gebraten wurden. Eines Tages kippte eine dieser Pfannen versehentlich um und die schönen Äpfel fielen zu Boden. Schnell hoben die Schwestern sie wieder auf und legten sie in die Pfanne zurück – aber weil die Äpfel nun unansehnlich geworden waren, gaben sie etwas Teig darüber. Als sie das Ganze schließlich umstürzten, hatten die Äpfel die Form der Pfanne angenommen. Sie waren noch stärker karamellisiert und schmeckten besser denn je. Die Tarte Tatin war geboren.

Diese Geschichte vom königlichen Besuch hat Ihnen besser gefallen? Dann erzählen Sie Ihren Gästen doch vielleicht lieber die, auch wenn sie leider etwas geschummelt ist.

TARTE TATIN

ZUTATEN

(für eine runde Tarteform, Ø ca. 30 cm)

250 g Butter
200 g Mehl
225 g Zucker
etwas Salz
1 Ei
500 g Äpfel – Reinette, Golden oder Clochards

ZUBEREITUNG

1. Zunächst den Mürbeteig zubereiten: 100 g Butterflocken, das Mehl, 125 g Zucker und etwas Salz in eine kalte Rührschüssel geben. Das Ganze mit den Fingerspitzen immer wieder zusammendrücken, bis große Klumpen entstehen. Dann das Ei hinzufügen und den Teig zu einer großen Kugel zusammenrühren. Diese Kugel in eine Plastiktüte stecken und für 2–3 Stunden in den Kühlschrank legen.
2. Die Äpfel schälen, halbieren, das Kerngehäuse entfernen und dann in gleichmäßige dünne Spalten zerteilen.
3. Eine Tarteform von etwa 30 cm Durchmesser und 5–6 cm Höhe unten und an den Seiten mit der restlichen Butter gut einfetten

(keine Springform – da läuft sonst später der Sirup heraus!). Anschließend mit den Apfelscheiben auffüllen – schön im Kreis angeordnet, damit es später ein dekoratives Bild ergibt. Darüber nun den restlichen Zucker streuen und noch etwas Butter in Flocken obenauf geben.

4. Nun den Mürbeteig ausrollen und sorgsam auf die schön dekorierten Äpfel legen. Den Teig an den Seiten stopfen, bis er auf den Boden reicht – also zwischen den Äpfeln und dem Rand der Form, damit die Tarte einen schönen Rand bekommt.
5. Jetzt die Tarte für 30 Minuten in einen mit 200 °C vorgeheizten Ofen schieben. Anschließend der Form noch eine Zeitlang Unterhitze zuführen, damit auch der Saft karamellisiert, der sich am Boden gebildet hat. Die Tarte aus dem Ofen holen und noch etwa 4–5 Minuten auf eine heiße Herdplatte stellen (vor allem dann, wenn der Backofen nicht genügend von unten heizt). Dadurch verdampft ggf. der Saft, der sich unten angesammelt hat, und verwandelt sich in braune Karamellmasse.

FERTIGSTELLUNG

Einen Servierteller umgekehrt auf die Form legen und den Kuchen mit den Äpfeln nach oben auf den Teller stürzen.
Mit Crème fraîche, Sahne oder auch mit Vanille-Eis servieren – oder wie das Hotel Tatin selber einfach »ohne«

TIPP

★ ***Nicht weitersagen: Es ist auch kein Verbrechen, wenn man in Eile ist und deshalb der Einfachheit halber einen tiefgekühlten Mürbeteig verwendet.***

DIE BREMER SCHAFFERMAHLZEIT

Jeweils am zweiten Freitag des Monats Februar wird im Festsaal des Bremer Rathauses das älteste deutsche Brudermahl gefeiert: die Bremer Schaffermahlzeit. Dort treffen sich dann handverlesene Persönlichkeiten aus Politik und Wirtschaft – insbesondere auch die Bremer Reeder – und essen seit Jahren das gleiche Menu, in dessen Mittelpunkt Grünkohl mit Pinkel steht.

Übrigens: Das Wort »Pinkel« ist eine alte Bezeichnung für den Schweine-Dickdarm, in den man früher die Grütze einführte. Es handelt sich also ganz einfach um eine Grützwurst.

Die Mahlzeit zieht sich über Stunden hin, nach jedem Gang werden Reden gehalten, und zum Schluss raucht man Bremer Tabak aus Tonpfeifen.

Diese Tradition geht auf das Jahr 1545 zurück. Damals feierte man erstmalig die Wiederaufnahme der Seefahrt im Frühjahr mit einem feierlichen Essen, das von den Kaufleuten und den Reedern ausgerichtet wurde – ein Essen, bei dem sich also gewissermaßen die Kapitäne vor der großen Ausfahrt verabschiedeten. Dabei wurden drei Vertreter dieser Gruppen ausgewählt, die die Nahrungsmittel heran»schaffen« sollten – man nannte sie die »Schaffer«.

BREMER GRÜNKOHL
MIT PINKEL

ZUTATEN
(für 6 Personen)

750 g Grünkohl
100 g Schweineschmalz
2 Zwiebeln
1 Nelke
3 EL Haferflocken
500 ml Fleischbrühe
Salz
500 g Grützwurst

ZUBEREITUNG
Die Blätter von den dicken Blattrippen abstreifen und kleinhacken. Dann das Schmalz in den Topf geben, dazu die Kohlblätter, kleingehackte Zwiebeln, Nelke, Haferflocken und die Brühe. Etwas salzen (nicht zu sehr) und zum Kochen bringen. Nach etwa 10 Minuten alles kräftig umrühren – und dann 1½ Stunden kochen lassen. Etwa 30 Minuten vor Schluss die Grützwurst dazugeben.

Traditionelle Beilage: Karamellkartoffeln
Ein paar EL Zucker in Butter goldgelb karamellisieren und unter ständigem Schütteln kleine runde, geschälte halbgare Pellkartoffeln garbraten.

Dazu trinkt man Bier – alles andere wäre stillos. Oder einen »Klaren«, der ist auch noch gestattet.

TIPPS

- ★ *Wer die Berliner Variante ausprobieren möchte, nimmt anstelle der Grützwurst die gepökelten Schweinerippchen, zu Ehren des Berliner Metzgers Cassel »Kassler Rippenspeer« genannt.*
- ★ *Eine alte Regel sagt, man dürfe Grünkohl nicht vor dem ersten Frost kochen. Erst dann hat er seinen richtigen Geschmack. Natürlich könnte man ihn das ganze Jahr über tiefgekühlt kaufen – und es gibt tiefgekühlte Waren, die hervorragend schmecken, oft sogar besser als die (auch schon ein paar Tage alte) »Frischware«, die man im Gemüseladen kauft. Aber die Kühlwarenproduzenten mögen mir verzeihen: Grünkohl schmeckt einfach frisch am besten.*

> *»Es gibt kein Tafelvergnügen, wenn auch die Speisen noch so gut und alle Nebengerichte noch so exquisit sind, das uns befriedigt, wenn der Wein schlecht, die Gäste wahllos zusammengewürfelt, die Gesichter beschattet und das Mahl in Eile hinabgewürgt wird.«*
>
> Jean Anthelme Brillat-Savarin

»SIRE, ICH BRAUCHE MEHR KOCHTÖPFE!«

Charles-Maurice de Talleyrand-Périgord (1754–1838), kurz Talleyrand genannt, war sicher einer der brillantesten Diplomaten, die Frankreich in den letzten Jahrhunderten hatte. Über 50 Jahre lang spielte er eine überragende Rolle in der französischen und europäischen Politik, diente sechs politischen Regierungen und legte 14 Loyalitätsschwüre und Gelöbnisse ab, die er je nach Bedarf einhielt oder brach. Er galt als rücksichtsloser Opportunist – aber manche Historiker sagen, dass er trotzdem immer auch das Wohl Frankreichs im Auge hatte.

Sein Charakter mochte fragwürdig sein – aber seine Verdienste um die französische Küche sind unbestritten. Ein Zeitgenosse sagte einmal zynisch, aber treffend über ihn: »Das Einzige, was er in seinem Leben nicht verraten hat, ist die gute Küche.«

Talleyrands Einladungen in Paris waren berühmt, denn seine Küche galt als die beste in Europa. Kein Wunder: Das Kochgenie

Carême, der Begründer der großen klassischen französischen Küche, stand zehn Jahre lang in seinen Diensten. Talleyrand hatte ihn entdeckt, als dieser noch ein junger, unbekannter Koch war.

Carême war Talleyrand übrigens so dankbar, dass dieser ihn manchmal anderen hochgestellten Persönlichkeiten »ausleihen« durfte. So kochte er zwischendurch für Zar Alexander I., den englischen König Georg IV., Kaiser Franz und andere wichtige Persönlichkeiten. Und man munkelt, dass er dabei aus Dankbarkeit gegenüber Talleyrand auch bereit war, die hohen Herren nicht nur zu bekochen, sondern sie auch so ganz nebenher noch etwas zu bespitzeln.

Ein Dinner bei Talleyrand war immer ein besonderes Erlebnis – und der Gastgeber benutzte die Formalitäten bei Tisch oft, um jedem der Gäste seinen Rang zuzuweisen. Einer unter ihnen berichtete einmal von dem unvergleichlichen Schauspiel, wie Talleyrand persönlich den Braten aufschnitt und jedem Gast entsprechend seinem Rang ein Stück davon zuteilte.

Zunächst wandte er sich an den wichtigsten Gast mit der Frage: »Monseigneur, würden Sie mir die Ehre erweisen, ein Stück Rindfleisch anzunehmen?«

»Sicherlich.«

Dann kam der Nächste an die Reihe: »Herr Herzog, werde ich die große Freude haben, Ihnen diese Scheibe Rindfleisch anzubieten?«

»Mit Vergnügen, mein Freund.«

Dann: »Herr Marquis, würden Sie mir das Vergnügen machen, eine Scheibe Rindfleisch anzunehmen?«

»Tausend Dank, Monseigneur!«

»Mein lieber Graf, erlauben Sie.«

»Oh. welche Güte!«

»Baron, gebe ich Ihnen ein Stück Rind?«

»Oh. Eure Hoheit beschämen mich ...«

»Und Sie, Montrond?«

»Welch unvergleichliche Ehre, Monseigneur.«

Der Letzte am Tischende schließlich hatte dann nur noch Anrecht auf eine unwirsche Bewegung mit der Gabel.

Der Höhepunkt in Talleyrands Karriere war sicherlich seine Teilnahme als Vertreter Frankreichs an dem sogenannten »Wiener Kongress«. Nachdem Napoleon endlich besiegt war, wollten die Gesandten aller europäischen Länder auf diesem Treffen versuchen, unter der Präsidentschaft des österreichischen Kanzlers Fürst Metternich eine endgültige Neuordnung für ganz Europa zu vereinbaren.

DIPLOMATIE GEHT DURCH DEN MAGEN

Im September 1814 kamen über 200 Regierungsvertreter mit ihrer Zehntausende zählenden Entourage von Mitarbeitern nach Wien – darunter Schwergewichte wie der preußische Außenminister von Hardenberg, Russlands Zar Alexander I. und Großbritanniens Gesandter Lord Castlereagh.

Wien hatte sich für den Kongress herausgeputzt und ein täglich wechselndes Angebot von gesellschaftlichen Ereignissen organisiert. Die österreichische Hauptstadt wurde für neun Monate die Hauptstadt Europas – und der Wiener Kongress wurde zu einem gesellschaftlichen Großereignis ersten Ranges. Doch in der Donaumetropole trafen sich nicht nur Diplomaten, sondern auch Spione, Lobbyisten und leichte Damen.

Kein Wunder, dass sich Staatsoberhäupter und die Diplomaten fern ihrer Heimat zunächst vorwiegend auf die Vergnügungen stürzten und die anstrengenden Detailfragen ihren Mitarbeitern überließen. Sie selber besuchten lieber opulente Dinnerpartys, Feuerwerke, Maskenbälle und Jagden, beschäftigten sich mit ihren Amouren und den daraus resultierenden Eifersuchtsszenen. Kaum zu glauben, dass der Kongress sage und schreibe neun Monate dauerte!

Trotz der Feste, Orgien und Vergnügungen aller Art entstand nach neun Monaten erstaunlicherweise doch noch ein Pakt, der weiten Teilen Europas den längsten Frieden seiner bisherigen Geschichte bescherte. Das war nicht zuletzt auch ein Verdienst Talleyrands. Seine Mission auf dem Kongress als Vertreter des besiegten und teilweise verhassten Frankreichs war nicht einfach: Natürlich wollten die Siegermächte ihre territorialen Wünsche mit aller Gewalt durchsetzen. Seine Erfolgsaussichten schienen gering. Als er in Paris zum Kongress abreiste, wollte ihm der König eine Reihe von Instruktionen mit auf den Weg geben. Talleyrand aber antwortete ihm mit dem berühmten Satz: »Sire – ich brauche keine Instruktionen, ich brauche mehr Kochtöpfe.«

In der Tat reiste der Diplomat mit einer kompletten Küchenausstattung nach Wien. Dort herrschte eine Atmosphäre, in der er seine Fähigkeiten besonders gut zur Geltung bringen konnte. Er diskutierte, intrigierte, erpresste, führte pausenlos Hintergrundgespräche, spielte einen gegen den anderen aus. Vor allem aber betrieb er eine einmalige Küchendiplomatie. Seine Dinnereinladungen waren kulinarische Höhepunkte des Kongresses – und nach einem guten Essen und einem Glas Wein lassen sich bekanntlich manche Schwierigkeiten überwinden.

So saßen eines Abends, nach anstrengenden und kontroversen politischen Diskussionen, Fürst Metternich, Talleyrand und Kaiser Alexander I. von Russland zusammen in der Ecke eines Hotels und diskutierten mit leiser Stimme. Ein Spion schlich sich unbemerkt von hinten heran, um herauszubekommen, welch brisante politische Intrige sich da wohl zusammenbraute. Es gelang ihm tatsächlich, die hohen Herren zu belauschen. Aber was für eine Enttäuschung: Sie diskutierten nicht etwa über das Schicksal Europas, sondern über ein Rezept für Zwetschgenknödel.

Talleyrand erreichte auf diesem Kongress für Frankreich mehr, als jeder vorher geglaubt hatte: Er sicherte sich ein Mitspracherecht bei allen Verhandlungen, schmiedete dann zusammen mit Großbritannien und Österreich ein Bündnis gegen Russland und Preußen – spielte also die einen Siegernationen gegen die anderen aus – und erreichte, dass Frankreich als Verlierernation keine Gebietsverluste erlitt. Der Vertreter der Besiegten kehrte als heimlicher Sieger nach Paris zurück – ganz sicher auch dank seiner Schlitzohrigkeit wie auch seines kulinarischen Geschicks.

Beispielhaft für beides ist auch eine Geschichte, die in Paris die Runde machte: Talleyrand hatte die schöne Sitte eingeführt, bei jedem festlichen Essen die einzelnen Speisen und ihre Herkunft anzusagen und zu erläutern – so wie es auch heute noch bei manchen großen Dinners üblich ist. Eines Tages nun hatte er acht wichtige Gäste geladen und wollte ihnen als Überraschung einen frischen Rheinlachs anbieten. Heutzutage ist das nichts Besonderes – aber damals in Paris war das schon eine Seltenheit. Um einen frisch gefangenen Rheinlachs zu bekommen, bedurfte es einer sorgfältigen logistischen Vorbereitung: Mehrere Reiter bildeten eine Stafette von Straßburg bis Paris und an jeder Poststation hielt man Eis bereit, damit der Fisch kühl blieb.

Pünktlich am Nachmittag kam der Fang in Paris an. Talleyrand ließ es sich nicht nehmen, den Korb selber zu öffnen – und da sah er vor sich zwei herrliche Rheinlachse, einer schöner als der andere! Aber es gab ein großes Problem: Es waren zwei Lachse, nicht einer. Unmöglich, beide Lachse am Abend für nur acht Personen zu servieren – das hätte neureich ausgesehen! Aber einen davon verkommen lassen oder ihn bis zum nächsten Tag aufheben? Das kam für Talleyrand auch nicht infrage.

Am Abend ereignete sich folgendes Schauspiel: Der Gastgeber sagte seinen Gästen eine besondere Spezialität an, die er eigens für sie habe nach Paris schaffen lassen. Auf sein Zeichen öffnete sich die Flügeltür des Speisezimmers und der Maître d'hotel trat ein – mit einem silbernen Tablett, darauf, herrlich dekoriert, ein Fisch mit leuchtenden Augen und Schuppen, die im Kerzenlicht wie Diamanten schimmerten. Talleyrand sagte an: »Rheinlachs aus Straßburg, heute Morgen gefangen.«

Die faszinierten Gäste stießen Ahs und Ohs aus. Einen so schönen, frischen Rheinlachs – den gab es selbst im verwöhnten Paris selten!

Aber da passierte dem bedauernswerten Maître d'hôtel etwas Fürchterliches: Sein Fuß verfing sich im kostbaren Teppich, er strauchelte und das Tablett fiel zu Boden. Der kostbare Fisch landete – in mehrere Stücke auseinandergefallen – auf dem Teppich.

Allgemeines Entsetzen – nur Talleyrand behielt die Ruhe. Lächelnd sagte er zum Maitre d'hotel: »Räumen Sie den Fisch weg und servieren Sie einen neuen.«

Nur wenige Minuten später öffnete sich wieder die Flügeltür – und der Maître d'hôtel trug einen neuen Fisch herein – noch schöner dekoriert als der erste, mit ebenso leuchtenden Augen und mit Schuppen, die im Kerzenlicht wie Diamanten glitzerten.

KARPFEN
IN SENFBUTTER

Ein Rezept von HEINZ WINKLER

ZUTATEN
(für 4 Personen)

2 Karpfen à 1 kg
Salz
50 g Butter

Senfbutter

1 rote Paprikaschote
100 g Butter
2 TL Grüner-Pfeffer-Senf
Salz
1 EL gehackter Kerbel
etwas Zitronensaft

ZUBEREITUNG

1. Die Karpfen halbieren und einen Tag in Eiswasser legen, damit das Fleisch fester wird. Dann herausnehmen, filetieren, enthäuten und entgräten. In circa 4 × 4 cm große Stücke schneiden, salzen und in einer flachen Pfanne in Butter braten.
2. Die Paprikaschote unter den heißen Grill legen, bis sie Blasen wirft, und dann die Haut im kalten Wasser abziehen. Das Fruchtfleisch würfeln. Butter in einer Sauteuse braun werden lassen, Senf zugeben und leicht salzen. Paprikawürfel und Kerbel untermischen und mit etwas Zitronensaft abrunden.

FERTIGSTELLUNG

Die Karpfenstücke auf heißen Tellern anrichten und mit der Senfbutter sparsam übergießen.

Salzkartoffeln eignen sich als Beilage vorzüglich.

HEINRICH IV. UND DAS SUPPENHUHN

»Paris ist eine Messe wert!« Dieser in Frankreich berühmte Spruch stammt vom französischen König Heinrich IV. Er sagte es, als er vom protestantischen zum katholischen Glauben übertreten musste, damit er König werden konnte und das katholische Paris seine Tore für ihn öffnete – ein Paris übrigens, das damals noch keine glitzernde Weltstadt war, sondern ein Häusermeer mit engen Gassen und vielen kleinen Häusern ohne Fenster. Ein Paris auch, in dessen Straßen sich Zigtausende von Schweinen, Kälbern und fast zweihunderttausend Schafe tummelten.

Heinrich IV., sehr auf sein Image bedacht, legte Wert darauf, als fröhlich, männlich, offen und ehrlich zu gelten. Er war der erste König von Frankreich, der bewusst so etwas wie Public Relations betrieb. Schon zu seinen Regierungszeiten wurde auf ihn das Lied »Vive le Roi! – es lebe der König« gedichtet. In diesem Lied, in Frankreich heute eine Art Volkslied, wird er nicht nur als trinkfester Kämpfer gefeiert, sondern auch als Frauenheld.

In der Tat war er kein Kostverächter, weder in Bezug aufs Essen noch auf das andere Geschlecht. In Frankreich kennt jeder noch heute seinen Spitznamen »Le Vert galant« – ein poetischer Ausdruck für »Schürzenjäger«. In vielen der Anekdoten, die man sich über ihn erzählt, dreht es sich irgendwie ums Essen. Oder um Frauen. Oder um beides.

Eines Tages tauchte Heinrich IV. unerwartet bei seiner Geliebten Gabrielle d'Estrées auf. Dummerweise hatte die gerade einen anderen Herrn zu Gast, der es noch so eben schaffte, sich unter dem Bett zu verkriechen, bevor der König den Raum betrat. Heinrich IV. legte sich prompt aufs Bett und ließ sich vom Hauskoch ein paar Rebhühner bringen. Das erste überreichte er der bleich gewordenen Gabrielle, die es mit etwas zitternden Händen annahm. Das zweite nahm er selber in die Hand und biss herzhaft hinein. Dann – nach einiger Zeit – holte er ein drittes Rebhuhn von der Servierplatte, warf es mit einem Schwung unter das Bett und sagte: »Wir wollen den armen Kerl da unten doch nicht verhungern lassen!«

Sein »Hobby« als Schürzenjäger hinderte den König übrigens keineswegs daran, in großen Mengen Knoblauch zu essen. Sein Brot war mit Knoblauchzehen gespickt, sein Omelett und sogar die Austern verspeiste er vorzugsweise mit Knoblauch. Eine seiner Geliebten soll eines Tages – oder besser gesagt eines Nachts – ausgerufen haben: »Majestät, Sie können froh sein, dass Sie ein König sind! Wären Sie es nicht, könnte man es nicht aushalten, denn Sie stinken entsetzlich!«

In der französischen Geschichtsschreibung wird Heinrich IV. bis heute »der gute König« genannt – und das, weil er einmal beiläufig gegenüber einem Minister geäußert hat, »eigentlich sollte jeder Franzose am Sonntag sein Huhn im Topf haben«. Dieser Satz machte in Frankreich die Runde, noch heute kennt jedes Kind diesen Ausspruch des »guten Königs«. »Das Sonntagshuhn im Topf« – das ist bis heute für die Franzosen das Symbol für einen bescheidenen bürgerlichen Wohlstand geblieben.

POULE AU POT

ZUTATEN

(für 6 Personen)

Man braucht für dieses populäre, gutbürgerliche Gericht ein schweres Suppenhuhn von 1,6 bis 2,5 kg. Mit anderen Worten: Ein dickes, fettes und glückliches Bio-Huhn – das, was man auch oft eine Poularde nennt.

Farce

200 g Rohschinken
4 Eier
1 Scheibe Brot (in Milch eingeweicht)
Petersilie, Muskat, Salz, Pfeffer, Schalotten
1 Schuss Armagnac

Gemüse

2 Zwiebeln
1 Stangensellerie
je nach Laune Steckrüben, Kartoffeln und ein Kohlkopf
2 Stangen Lauch
6 Möhren

Sauce

50 g Butter
50 g Mehl
500 ml der Hühnerbrühe
100 g Crème fraîche

ZUBEREITUNG

1. Die Innereien Herz, Leber und Magen feinhacken und mit dem kleingeschnittenen Rohschinken, den Eiern, dem in Milch eingeweichten Brot, der Petersilie, mit Muskat, Pfeffer, Schalotten, einer Prise Salz und einem guten Schuss Armagnac gründlich zu einer Farce vermischen. Dann das Huhn leicht von innen würzen, die Farce vorsichtig mit einem Löffel einfüllen und das Huhn ebenso vorsichtig zunähen.
2. Das so gefüllte Huhn in einen großen Topf mit Deckel mit so viel Wasser geben, dass es reichlich bedeckt ist. Das Wasser schnell zum Kochen bringen, dann die Temperatur reduzieren und das Huhn etwa 2 bis 3 Stunden lang weiterköcheln lassen. Zwischendurch den Kochvorgang immer wieder kontrollieren und dafür sorgen, dass das Huhn immer von Wasser bedeckt bleibt. Allerdings: Nicht zu viel Wasser nachschütten, sonst werden Sauce und Suppe zu wässrig.
3. Während das gefüllte Huhn vor sich hin köchelt, das Gemüse vorbereiten: die Zwiebeln vierteln, die Selleriestange in kurze Stücke schneiden, Kartoffeln schälen und ebenfalls vierteln, Karotten, Kohl, kleine Steckrüben und Lauch putzen und in kurze Stücke schneiden.
4. Wenn das Huhn schon etwa 1 ½ Stunden Garzeit hinter sich hat, das Gemüse in den Topf geben, nochmals aufkochen lassen, dann die Temperatur wieder reduzieren. Schaum ggf. von der Wasseroberfläche abschöpfen.
5. Wenn das Fleisch weich ist, den Topf vom Herd nehmen, das Huhn entnehmen und die Brühe mit dem Gemüse langsam abkühlen lassen. Mit einer Fleischgabel kontrollieren, wann es so weit ist: Das Schenkelfleisch sollte von der Gabel fallen.

6. Das Huhn aus der Brühe nehmen, die Fäden entfernen und mit einer Hühnerschere in zwei Teile schneiden. Dann die Farce herausholen, in Scheiben schneiden und warm stellen. Schenkel und Flügel abschneiden, danach das Brustfleisch in zwei Hälften schneiden. Das zerteilte Huhn noch einmal warm stellen, falls man aus der Hühnerbrühe noch schnell eine Suppe als Vorspeise zaubern möchte.

ZUBEREITEN EINER SAUCE

Dem Suppentopf etwa einen halben Liter Hühnerbrühe entnehmen und damit eine Béchamelsauce bereiten. Dazu die Butter bei niedriger Temperatur in einem Topf schmelzen lassen und dann unter ständigem Rühren nach und nach das Mehl zugeben. Wenn sich Mehl und Butter zu einer zähflüssigen Béchamelsauce zusammengefügt haben, unter Rühren die Hühnerbrühe zugeben – zuerst in kleinen Mengen, dann nach und nach den Rest. So lange rühren, bis die Sauce dicker wird, etwas saure Sahne oder Crème fraîche hinzugeben und mit Pfeffer und Salz abschmecken.

FERTIGSTELLUNG

Hühnerteile, Gemüse und Farce auf einer großen Platte anrichten. Die Sauce getrennt in einer Saucenschüssel servieren, aus der sich jeder bei Bedarf bedienen kann.

TIPP

★ *Salzt man gleich zu Beginn, behält das Huhn seine Geschmacksstoffe, aber die Bouillon bleibt etwas fad. Salzt man hingegen erst am Schluss des Kochvorgangs, gibt das Huhn seine Geschmacksstoffe ab – mit dem Ergebnis, dass das Huhn etwas an Geschmack verliert, man dafür aber eine bessere Bouillon bekommt. Als Kompromiss kann man das Salz eine Stunde vor Schluss des Kochvorgangs dazugeben.*

»Das schönste Essen ist zu teuer,
wenn man es mit Langeweile bezahlen muss.«

Jacques-François Ancelot

WIE LADY CURZON DEN ALKOHOL IN EINE SUPPE SCHMUGGELTE

Lady Curzon, mit vollem Namen Mary Victoria Curzon, Baroness Curzon of Kedleston, war eine große Dame der britischen Gesellschaft. Als die Regierung ihren Mann gegen Ende des 19. Jahrhunderts zum Generalgouverneur und Vizekönig von Indien ernannte, wurde sie automatisch Vizekönigin von Indien. Sie erfüllte das Amt mit Würde, förderte die Infrastruktur des Landes, kümmerte sich insbesondere um die indischen Seidenwebereien, reformierte Krankenhäuser und förderte die Ausbildung einheimischer Ärzte und Krankenschwestern.

Aber sie wusste auch zu leben: Sie genoss es, Mittelpunkt einer Gesellschaft zu sein, und sie liebte es, als Gastgeberin großer Feste zu glänzen. Für eines dieser Feste, das sie aus Anlass der Thronbesteigung König Edwards VII. gab, ließ sie sich sogar vom Haute-Couture-Haus Worth in Paris ein so teures Abendkleid anfertigen, dass es wegen der hohen Kosten fast zu einem öffentlichen Skandal kam. Das Kleid wurde als »Pfauenkleid« berühmt und ist heute in London in der Kedleston Hall ausgestellt.

Eines Tages sollte sie ein Gala-Dinner zu Ehren eines hochrangigen Ehrengastes organisieren. Normalerweise war das für sie eine Aufgabe, die ihr leichtfiel und auf die sie sich freuen konnte. Aber diesmal tauchte ein Problem auf: Der hohe Gast nämlich war fanatischer Abstinenzler. Es kam keinesfalls in Frage, bei diesem Anlass Alkohol zu reichen. Das wäre gegenüber dem Gast ein unverzeihlicher Affront gewesen.

Aber auf der anderen Seite: Ein englisches Gala-Dinner in den Kolonien – und dann ohne Alkohol? Das war undenkbar! Das würde den übrigen Gästen restlos die Laune verderben.

Lady Curzon fand einen pikanten Ausweg: Sie ließ als ersten Gang eine klare Schildkrötensuppe reichen. Aber für alle Gäste – natürlich mit Ausnahme des Ehrengastes – kam in die Suppe ein kräftiger Schuss Sherry. Damit man den Alkohol nicht zu sehr rausschmeckte, ließ die erfinderische Dame eine starke Prise Curry hineingeben. Als Geruchsverschluss verzierte sie schließlich das Ganze noch mit einem Sahnehäubchen.

Die Gäste sprachen dieser Suppe reichlich zu und es wurde ein fröhlicher Abend. Das war die Geburtsstunde der berühmten »Schildkrötensuppe Lady Curzon«.

Böse Zungen allerdings erzählen die Entstehungsgeschichte etwas anders: Demzufolge war Lady Curzon nämlich selber dem Alkohol verfallen – und versah ihre Schildkrötensuppen nur deshalb immer mit reichlich Sherry und einem dicken

Sahnehäubchen obenauf, damit es ihrer Umgebung nicht zu sehr auffiel. Aber wie gesagt: Das sind sicher nur böse Zungen.

Schildkröten wurden inzwischen unter Artenschutz gestellt, deshalb wird man die Schildkrötensuppe nicht mehr auf Speisekarten finden. Auch die Lady-Curzon-Version gibt es nicht mehr. Sie war ohnehin etwas außer Mode geraten.

»Möchten Sie Tee?« –
»Nein danke, keinen Tee …«
»Möchten Sie Kaffee« –
»Nein danke, keinen Kaffee …«
»Möchten Sie Whisky mit Sodawasser?« –
»Nein danke, kein Sodawasser …«

KLEINE DETEKTIVARBEIT: WER HAT DIE MAYONNAISE ERFUNDEN?

Die Mayonnaise ist aus unserem täglichen Leben kaum wegzudenken. Fast unmöglich, dass Sie – sagen wir einmal im letzten Monat – nicht irgendwann Mayonnaise gegessen haben. Sie war vielleicht auf einem Sandwich, in einem Salat oder als dicker Klacks oben auf einer Tüte Pommes. Vielleicht haben Sie sie gar nicht bewusst wahrgenommen, weil sie ein Bestandteil irgendeiner der vielen Saucen war, die auf der Grundlage von Mayonnaise hergestellt werden – zum Beispiel in einer Remouladensauce oder bei einem Spargelgericht in der Sauce Béarnaise oder in der berühmten Frankfurter Spezialität Ochsenfleisch mit Grüner Sauce.

Einer Statistik zufolge isst jeder Deutsche im Jahr um die zwei Kilogramm »Mayo«. Weltmeister im Mayo-Essen sind allerdings die Russen: Sie essen genau doppelt so viel wie die Deutschen.

Wer die Mayonnaise erfunden hat, muss ein echtes Genie gewesen sein. Denn wer sonst konnte auf die Idee kommen, aus flüssigem Öl und flüssigem Ei eine cremige Masse zuzubereiten? Natürlich – heute nennt man so etwas Emulsion und die Chemiker können genau erklären, wie das alles zusammenhängt. Aber vor ein paar hundert Jahren grenzte das schon fast an Alchimie.

Als diese Sauce in der zweiten Hälfte des 18. Jahrhunderts auf einmal auftauchte, muss das eine wahre Sensation in Kochkreisen gewesen sein. Natürlich fragten sich alle, welches Genie diese unglaubliche Sauce erfunden hat, oder ob es vielleicht ein Koch war, der ihr Geheimnis durch einen glücklichen Zufall entdeckte. Umso erstaunlicher, dass man es bis heute nicht weiß.

Eine Gruppe von Küchenhistorikern ist der festen Meinung, die Mayonnaise müsse eigentlich »Mayennaise« heißen, weil ein Koch aus dem kleinen französischen Städtchen Mayenne – möglicherweise der Koch des Herzogs von Mayenne – diese Köstlichkeit in seiner Küche zum ersten Mal entwickelt habe. Durchaus möglich – aber Beweise dafür gibt es nicht.

Der berühmte Philologe Prosper Montagné ist dieser wichtigen, weltbewegenden Frage ebenfalls nachgegangen und kam zu einem ganz anderen Schluss: Das Wort »Mayonnaise« leitet sich ganz einfach von dem altfranzösischen Ausdruck für Eidotter, nämlich »moyeu« her. Es müsste also richtiger »Moyeunaise« heißen, was nichts anderes bedeutet als »Eidottersauce«.

Durchaus möglich, immerhin sollte man diesen Prosper Montagné ernst nehmen. Er war einer der großen Küchenchefs des letzten Jahrhunderts und hat vor allem das größte und bedeutendste Lexikon der Kochkunst geschrieben, nämlich die Enzyklopädie »Larousse Gastronomique« – ein Buch von ungefähr drei Kilogramm mit 1142 Seiten und nichts weniger als die anerkannte Bibel der Kochkunst. Man sollte Prosper Montagné also zwar ernst nehmen – aber Beweise für seine Meinung in Sachen Mayonnaise gibt es nicht.

Andere Legenden erzählen, ihre Entdeckung sei dem Koch des Generals Patrice de Mac-Mahon zu verdanken. Mitte des vorigen Jahrhunderts kämpfte dieser General im Dienste Frankreichs auf der Krim. Eines Tages – so erzählt man – fand sein Koch, wie es in Kriegszeiten vorkommen kann, nur ein paar kümmerliche Reste an Lebensmitteln in der Küche vor, darunter auch Eier und Öl. Er machte aus der Not eine Tugend und versuchte, daraus eine Sauce zu fabrizieren. Per Zufall entdeckte er dabei, dass sich beim Rühren eine feste Masse entwickelte. Bald nannte man die Sauce »Mahonaise«, nicht nach dem Koch, sondern nach seinem Vorgesetzten, dem siegreichen General Mac-Mahon. Schon deshalb unwahrscheinlich, weil sie dann doch eigentlich »Mac-Mahonaise« heißen müsste.

Aber auch sonst ist diese Erklärung nicht sehr plausibel. Wenn ein Koch nur wenige Reste an Lebensmitteln vorfindet, dann wird er wohl kaum das Eiweiß wegwerfen und nur das Eigelb verwenden, um damit eine Sauce zu fabrizieren. Er würde daraus eher Rührei, Spiegelei, Omelett oder irgendetwas in dieser Richtung zubereiten. Davon abgesehen klingt diese Geschichte doch zu sehr nach einem Abklatsch der historisch belegten Geschichte von Napoleons »Huhn Marengo«.

Bleibt noch ein letzter Aspirant übrig: Der Marschall Richelieu, Großneffe des berühmten Kardinals. Er behauptete selber von sich, er habe die berühmte Sauce zwar nicht erfunden, aber zumindest entdeckt und nach Frankreich gebracht. Und diese Geschichte scheint endlich sehr glaubwürdig zu sein.

Im Jahr 1756 gewann dieser Richelieu eine große Seeschlacht in der Nähe des Hafens Port Mahon auf Menorca. Diesen Sieg wollte er natürlich gebührend mit einem guten Essen feiern. Sein Koch aber – Sie ahnen es schon – hatte außer einer Handvoll Eier und einer Flasche Öl kaum noch Vorräte übrig. Aus der Not heraus erfand er also diese neue Sauce, die später in Erinnerung an den Sieg bei Mahon »Mahonnaise« genannt wurde. Also wieder diese alte Frage: Was ist mit dem kostbaren Eiweiß passiert? Und außerdem: Was sollte man mit einer Mayonnaise schon groß feiern?

Trotzdem aber ist an dieser Geschichte etwas dran – und es scheint so, als habe der Marschall Richelieu wirklich die Mayonnaise entdeckt und aus Menorca nach Paris mitgebracht.

Richelieu war am Pariser Hof bekannt für seine lockeren Moralvorstellungen und für seine Genusssucht. Es heißt, er habe beides – Frauen und Speisen – genossen, wo immer sie ihm begegneten. Auch auf Menorca hatte er offenbar ein Verhältnis mit einer menorquinischen Dame. In einem Brief schreibt er wörtlich:

»... Sollte ich Euch jemals vergessen, Madame, diese zarte Sauce, mit welcher Ihr meinen Gaumen so viele Male glücklich machtet, wird mich stets an Euch erinnern, und von jetzt an will ich sie, da ich ihr nicht Euren Namen geben kann, nur noch ›salsa de Mahon‹ nennen.«

Demnach ließ der Marschall die Dame auf der Insel zurück, das Rezept für die leckere Sauce aber nahm er mit an den Pariser Hof, wo er sich als Eroberer Menorcas und als Entdecker einer neuen kulinarischen Sensation feiern ließ. Bald galt diese zarte Sauce aus Öl, Eigelb, Salz und Essig oder Zitrone als ausgesuchte französische Delikatesse. Im Sprachgebrauch der Franzosen wurde die Sauce aus Mahon, also die »Mahonnaise«, bald zur »Mayonnaise«.

Ist die unbekannte Menorquinerin also die Erfinderin der Mayonnaise? – Nein, genauso wenig wie der Marschall selbst, den sie offenbar unter anderem mit dieser Sauce verwöhnte.

Es gibt nämlich ein berühmtes Kochbuch mit Rezepten der menorquinischen Küche, geschrieben 1731 vom Franziskanermönch Fra Roger (eigentlich Francesc Roger Gomila) im Kloster Ciutadella: In diesem Buch mit dem Titel »Art de la Cuina« gibt es nicht nur eine Sauce aus Eigelb, Olivenöl, Salz und Zitrone – sondern gleich eine ganze Reihe von Rezepten.

MAYONNAISE

Es ist wohl kaum nötig, aber ich möchte trotzdem noch einmal warnen – selbst auf die Gefahr hin, dass mir einige Hersteller bis ans Lebensende böse sind: Unter keinen Umständen sollte man fertige Mayonnaisen kaufen, seien sie noch so gut. Keine noch so sorgsam industriell hergestellte Mayonnaise kommt im Geschmack auch nur im Entferntesten an eine frische selbstgemachte heran.

Seltsamerweise haben viele völlig unnötigerweise Angst davor, Mayonnaise selber herzustellen – wahrscheinlich haben sie Angst davor, sich zu blamieren, wenn es nicht gelingt. Dabei ist die Zubereitung ganz einfach, wenn man ein paar kleine Tipps beachtet.

ZUTATEN 1

(für ca. 300 ml fertige Mayonnaise)

1 Eigelb
1 Messerspitze Salz
250 ml Pflanzenöl nach Geschmack (z. B. Olivenöl, Erdnussöl, Maisöl)
1 TL scharfer Senf
1 EL Estragon-Essig oder Zitronensaft
etwas Weinessig

ZUBEREITUNG

1. Die Eigelbe zusammen mit etwas frisch gemahlenem weißem Pfeffer, etwas Estragon-Essig oder Zitronensaft und etwas scharfem Senf kräftig schlagen, bis die Masse richtig schaumig geworden ist. Erst dann ist sie bereit, das Öl aufzunehmen und mit ihm eine Emulsion zu bilden. In Profirestaurants wird die Mayonnaise

meist immer noch mit einem hölzernen Kochlöffel geschlagen – im Haushalt kann man aber auch ruhig einen Schneebesen benutzen.

2. Unter gleichmäßigem, heftigem Rühren das Öl hinzugeben – zuerst tropfenweise, dann in immer größeren Mengen.
3. Wenn die Mayonnaise fertig ist, ein klein wenig kochenden Weinessig hineinrühren – das bewahrt sie vor dem Auseinanderfallen und man kann sie gut verschlossen eine Woche lang im Kühlschrank aufbewahren.

TIPPS

★ *Was für ein Öl? Jedes gute Pflanzenöl kann Verwendung finden, für kräftige Speisen auch ein gutes, kalt gepresstes Olivenöl – aber nur erste Pressung!*

★ *Die Rührschüssel sollte einen abgerundeten Boden haben. Eier und Öl dürfen nicht zu kalt sein und vor allem: Sie müssen die gleiche Temperatur haben. Also: eine halbe Stunde vorher alle Zutaten aus dem Kühlschrank holen und auf Zimmertemperatur bringen! Wenn man einmal angefangen hat zu rühren, darf der Rührvorgang nicht mehr unterbrochen werden.*

★ *Immer mehr Köche schlagen das Eigelb gar nicht mehr mit der Hand, sondern geben alle Zutaten (außer dem Öl) in den Mixer und geben dann das Öl in einem kleinen Strahl dazu, während er läuft. Aber auch wenn es möglicherweise Einbildung ist: Nichts geht über eine gute, altmodische, mit der Hand gerührte Mayonnaise. Sie ist luftiger, gleichmäßiger, wohlschmeckender.*

★ *Für den unwahrscheinlichen Fall, dass die Mayonnaise trotzdem missglückt und auseinandergefallen ist, gibt es eine einfache Rettungsaktion: Einen EL warmes Wasser in eine Schüssel geben und nach und nach die verunglückte Sauce hineinrühren.*

GRÜNE SAUCE

Diese berühmte Frankfurter Spezialität wird zu gekochtem Ochsenfleisch gereicht.

ZUTATEN

Mayonnaise
12 Handvoll Spinatblätter ohne Stiele und Blattrippen (alternativ frische Kresse oder Kerbel)
1 Zweig Estragon
jeweils 1 Fingerspitze Kerbel, Estragon, Schnittlauch und Petersilie zum späteren Würzen

ZUBEREITUNG

1. Spinat und Estragon im Mörser in einem Tuch ganz fest auspressen und den austretenden Saft in einer Schüssel auffangen. Diesen in einem Wasserbad erhitzen – dabei zersetzt sich der Kräutersaft in eine klare Flüssigkeit und in feste grüne Teilchen.
2. Wenn es so weit ist, das Ganze durch ein feines Sieb gießen und die grünen Teile auffangen und die Mayonnaise damit einfärben. Zum Schluss die Würzkräuter hinzufügen.

REMOULADENSAUCE

Mayonnaise, zerdrückte Kapern, kleingeschnittene Essiggürkchen, Kerbel, Estragon und Schnittlauch vermengen. Manche geben auch etwas Sardellenpaste hinzu.

DIE JAKOBSMUSCHEL – EINE GESCHICHTE VON HEILIGEN, GAUNERN UND ÖLMULTIS

Theologen nennen ihn, den Bruder von Jesus, respektvoll den »Herrenbruder«. Die Rede ist vom heiligen Jacobus, dem ersten Bischof der christlichen Gemeinde in Jerusalem und zugleich der erste Märtyrer des jungen Christentums – denn nach allem, was wir wissen, ließ König Herodes ihn im Jahre 43 während des Passahfestes mit einem Schwert enthaupten.

Nach einer der vielen christlichen Sagen um den Heiligen wurde sein Leichnam an Deck eines Schiffes aufgebahrt, das ihn nach Galizien bringen sollte, wo er zuvor missioniert hatte. Als sich das Schiff der Küste näherte, wollte ihm ein Reiter über das Wasser entgegenreiten. Zunächst versank er mitsamt seinem Ross in den Fluten, nach einiger Zeit aber tauchten beide wie durch ein Wunder wieder auf – und waren über und über mit den Schalen großer Muscheln bedeckt.

Den Leichnam des Jacobus brachte man dann in den Ort Santiago de Compostela und begrub ihn.

Während der nächsten Jahrhunderte geriet das Grab dann in Vergessenheit, bis es im 9. Jahrhundert von einem Eremiten wiederentdeckt wurde. Man errichtete darüber erst eine Kapelle, später eine Kirche und noch später eine große Kathedrale. Santiago de Compostela wurde eine der berühmtesten Pilgerstätten der Welt, die bis heute jährlich von vielen Tausenden von Pilgern aus ganz Europa besucht wird.

Auch wenn man die Legende nicht wörtlich nimmt: In jedem Fall ist an der Küste in der Nähe von Santiago bis heute diese Art der herrlichen Muscheln zu finden, die damals angeblich Ross und Reiter bedeckt hatten. Die Pilger nahmen sie auf ihrer Rückreise als Andenken mit und trugen sie an ihrer Kleidung und auf ihren Mützen als Erkennungszeichen und als Beweis, dass sie tatsächlich in Compostela gewesen waren.

Diese »Jakobsmuschel« wurde schließlich so beliebt, dass sie nicht nur als christliches Symbol verwandt wurde, sondern auch sonst überall bildlich auftauchte – wie zum Beispiel in dem berühmten Botticelli-Gemälde »Geburt der Venus«, auf dem die Göttin der Schönheit in einer riesigen Jakobsmuschel zu bewundern ist.

Doch rund um die Pilgerstraßen sammelten sich nicht nur edle Pilger, freundliche Gastwirte und fromme Mönche, sondern auch Taschendiebe, Prostituierte, Räuber, Hehler und andere Ganoven. Auch sie hatten sich die fromme Muschel als ihr Erkennungszeichen auserwählt – nur trugen sie sie nicht stolz auf der Mütze oder dem Umhang wie die Pilger, sondern als geheimes Erkennungszeichen unter dem Mantel. Sie entwickelten eine eigene Gaunersprache (den Vorläufer des französischen »Argot«, der oft etwas derben Umgangssprache in Frankreich) und sie bildeten eine Art von Geheimbund, der sich die »Coquillards« nannte – also sozusagen die »Muschelträger« (abgeleitet von dem französischen Wort »coquille« für Muschel).

Einer der bekanntesten »Coquillards« erlangte übrigens sogar literarischen Ruhm – es war der gelehrte Gauner und Dichter François Villon, der im 15. Jahrhundert lebte und den nur der Zufall vor dem Galgen gerettet hatte.

Ihre größte Popularität verdankt die Jakobsmuschel allerdings nicht dem heiligen Jacobus oder seinen Anhängern, auch nicht den Gaunern, sondern einem gewissen Mister Marcus Samuel aus London. Dieser Kaufmann hatte sich im vorigen Jahrhundert auf das Geschäft mit Holzschatullen spezialisiert, die mit Jakobsmuscheln besetzt waren. Diese kitschigen Reisemitbringsel waren so beliebt, dass Samuel ein reicher Mann wurde – so reich, dass er ins Petroleum-Geschäft einsteigen konnte. Sein Unternehmen wurde zu einem der größten Öl-Multis der Weltgeschichte. So findet sich die Muschel heute nicht mehr nur an den frommen Pilgerstraßen von damals, auf Heiligenbildern oder in Kochbüchern, sondern überall in der Welt als stolzes Firmenlogo der »Shell Oil Company«.

JAKOBSMUSCHEL
MIT AVOCADO UND CURRYSAUCE

Ein Rezept von
HEINZ
WINKLER

Der Geschmack der Jakobsmuschel kommt nur von der »noix«, dem Muskel. Die schöne rote »Corail« hat auch gegart eigentlich nicht viel Geschmack, weshalb viele Feinschmecker sie sogar wegwerfen. Aber sie macht sich auf dem Teller gut – und das Auge isst ja bekanntlich mit.

ZUTATEN
(Vorspeise für 4 Personen)

6 Jakobsmuscheln
2 große Avocados
125 g Herbsttrompeten
50 g Butter
etwas Mehl

Currysauce
1 Karotte
1 Apfel
80 g Butter
1 TL Currypulver
100 ml Weißwein
50 ml Noilly Prat
300 ml Fischfond
100 g Sahne

ZUBEREITUNG

1. Die Jakobsmuscheln ausbrechen, putzen und gut wässern. Das weiße Fleisch halbieren und kalt stellen.
2. Avocados schälen, halbieren und den Kern herausnehmen. Das Fruchtfleisch längs in ca. 3 mm dicke Scheiben schneiden, ringförmig ausstechen, mehlieren und zur Seite stellen.
3. Herbsttrompeten waschen, kleinhacken und in Butter anschwitzen.
4. Für die Currysauce Karotte und Apfel kleinschneiden und in Butter anschwitzen. Das Currypulver dazugeben und mit Weißwein und Noilly Prat ablöschen. Mit Fischfond auffüllen und auf ca. die Hälfte reduzieren lassen, bis der Saucenfond kräftig schmeckt. Sahne dazugeben, aufkochen lassen und passieren.

FERTIGSTELLUNG

Die Jakobsmuscheln mehlieren und goldgelb braten. Die Avocado kurz von beiden Seiten anbraten. Auf vorgewärmten Tellern einen Saucenspiegel anrichten und abwechselnd eine Scheibe Jakobsmuschel und Avocado auflegen. Mit Herbsttrompeten garnieren.

TIPPS

★ *Das Geheimnis der Zubereitung: Ganz wenig garen – vielleicht 3 Minuten. Denn roh hat die Muschel überhaupt keinen Geschmack – aber zu sehr gegart ist sie ungenießbar!*

★ *Wenn Sie – was meist der Fall sein wird – auf gefrorene Jakobsmuscheln zurückgreifen müssen, kaufen Sie nur die beste Qualität: weißes, festes Muskelfleisch (mit mindestens 2,5 cm Durchmesser), das mit dem orangeroten Corail verpackt ist. Lassen Sie die Muscheln am besten über Nacht langsam im Kühlschrank auftauen, damit sie dabei möglichst wenig Saft verlieren.*

WIE ZWEI RENAISSANCE-MALER DURCH EINEN BARKEEPER BERÜHMT WURDEN

Diese Geschichte könnte den Stoff für eine etwas kitschige Kinoromanze liefern. Sie ist fast zu schön, um wahr zu sein – aber sie stimmt wirklich.

Sie begann im Sommer 1928 mit einer filmreifen Szene in der Bar des Hotels Europa in Venedig: An einem der Tische saß ein junger Amerikaner namens Harry Pickering mit seiner alten Tante, deren jungem Liebhaber und einem kleinen Hund, einem Pekinesen. Harrys Eltern hatten die Reise organisiert, um ihren Sohn von seinem Alkoholismus zu befreien. Die herrliche Stadt Venedig, weit weg von seinen Saufkumpanen, würde ihn auf andere Gedanken bringen, so hofften sie.

Aber ganz offenbar schlug die Kur nicht so richtig an: Denn regelmäßig erschien das seltsame Trio morgens pünktlich um 11 Uhr für einen ersten oder auch zweiten Cocktail. Nach dem Essen kamen die drei dann noch einmal auf einen Schluck oder zwei vorbei, um dann am Abend ihre offenbare Langeweile in möglichst starken weiteren Drinks zu ertränken. Das ging zwei Monate lang so weiter, bis Harry eines Abends – nach reichlichem Alkoholgenuss – mit seiner Tante und ihrem Galan in einen heftigen Streit geriet. Daraufhin reisten die beiden am nächsten Morgen ab und ließen den jungen Mann mit dem Pekinesen allein zurück.

In den nächsten Tagen kam Harry abends wie gewohnt in die Bar, nun aber allein und, wie es schien, ziemlich niedergeschlagen. Außerdem trank er kaum. Der Barkeeper, ein gewisser Guiseppe Cipriani, fragte ihn schließlich, ob irgendetwas mit ihm nicht stimme. Da beichtete ihm Harry, dass seine Tante nicht wiederaufgetaucht sei und er keine Lira mehr in der Tasche habe. Er wisse noch nicht einmal, wie er das Hotel und seine Zeche bezahlen könne.

Cipriani bekam Mitleid mit dem jungen Mann, übernahm spontan dessen Hotelrechnung und lieh ihm zu allem Überfluss auch noch das Geld für die Überfahrt nach Amerika. Zusammen waren das immerhin runde 10 000 Lire. Das war viel Geld für Cipriani – aber er vertraute auf seine Menschenkenntnis, die er sich im Laufe der Jahre als Barkeeper erworben hatte. Dieser Harry Pickering, das spürte er, war ein anständiger Junge. Sicher würde er das Geld – wie ihm der überglückliche Harry versprach – schnell zurückbekommen.

Leider aber sah es zunächst so aus, als ob ihn seine Menschenkenntnis diesmal im Stich gelassen hätte. Der »anständige

Junge«, von dem er nicht einmal eine Adresse kannte, ließ einfach nichts mehr von sich hören.

Endlich, nach ein paar Monaten, tauchte Harry dann doch plötzlich wieder in Venedig auf und brachte Cipriani das geliehene Geld zurück. Und nicht nur das: Er überreichte ihm ein zweites Geldbündel und sagte: »Nehmen Sie auch das hier als Zeichen meiner Dankbarkeit. Wenn Sie wollen, können wir damit zusammen eine Bar aufmachen.«

Der verblüffte Cipriani zählte 40 000 Lire – das war ein solides Startkapital! Am 31. Mai 1931 wurde die gemeinsame Bar eröffnet und nach dem Geldgeber Harry Pickering auf den Namen »Harry's Bar« getauft.

Um das Happy End komplett zu machen: Schon bald nach der Gründung wurde Harry's Bar nicht nur zum absoluten In-Treff in Venedig, sondern zu einem der berühmtesten Lokale der Welt. Sie wurde und blieb bis heute der Treffpunkt aller Reichen und Schönen – und all derer, die dort die Reichen und Schönen sehen und bewundern wollten.

Elizabeth Taylor und Richard Burton gingen hier ein und oft besäuselt wieder aus. Ernest Hemingway wohnte sogar monatelang in einem Gästehaus von Cipriani, er kam abends zum reichlichen Trinken und verewigte Harry's Bar Jahre später sogar in seinem Roman »Über den Fluß und in die Wälder«. Orson Welles kam oft, aß viel und trank noch mehr – meist so viel, dass die Kellner sich ernsthaft fragten, ob Amerikaner nicht vielleicht ein ganz anderes Verdauungssystem haben. Die Gästeliste der Prominenten ist unendlich lang: Charly Chaplin, Humphrey Bogart mit Lauren Bacall, Alfred Hitchcock, Aristoteles Onassis, Maria Callas, Andy Warhol, Truman Capote –

alle frönten hier ihrer Venedig-Leidenschaft, ebenso wie Woody Allen, Naomi Campbell, George Clooney und, und, und ...

Kurz: Wer etwas auf sich hielt – Künstler, Politiker, Playboys – alle frequentierten diese Bar.

Es gibt einen berühmten Spruch, den man in Reisebeschreibungen lesen kann: »Wer in Venedig war und nicht in Harry's Bar, der war nicht in Venedig.«

2001 wurde sie – samt Interieur – sogar vom italienischen Kulturministerium zum nationalen Denkmal erklärt.

Und Harry Pickering? Er blieb nach der Gründung der Bar zunächst in Venedig, aber die täglichen Verpflichtungen eines Barbetriebs waren nicht sein Ding. Er bekam einen Stammplatz an der Theke und wurde sein bester Kunde. Nach ein paar Jahren wollte er in seine Heimat zurückkehren und ließ sich seinen Geschäftsanteil auszahlen – zumindest den Teil, den er nicht inzwischen schon »abgetrunken« hatte. Von Zeit zu Zeit kam er zurück und blieb weiter einer der besten Kunden in der Bar, die seinen Namen trägt.

RENAISSANCE-KUNST IM GLAS

Genau dort, in Harry's Bar in Venedig, wurde nicht nur ein weltberühmter Cocktail, sondern auch noch eine ebenso berühmte Art der Speisezubereitung – wenn nicht erfunden, aber doch zumindest getauft.

Fangen wir mit dem Getränk an: Es war im Jahr 1948. Harry's Bar hatte den Krieg relativ gut überstanden. Sie musste zwar für einige Jahre auf Befehl der faschistischen Regierung den amerikanischen Namen Harry in den italienischen Namen »Arrigo« umbenennen, aber jetzt hieß sie wieder Harry's Bar wie früher – und war auch wie früher wieder der Treffpunkt aller Reichen und Schönen.

Guiseppe Cipriani, immer noch der Chef, aß gerne Pfirsiche – am liebsten die sogenannten »Weinbergpfirsiche«. Eines Tages kam er auf die Idee, den magischen Duft dieser Pfirsiche, die er so liebte, irgendwie in einen Drink zu verwandeln. Er warf kleine Stückchen vom Pfirsich in Weißwein und ließ das Ganze eine Zeitlang stehen. Aber das Ergebnis war enttäuschend: Es blieb eine gewöhnliche Pfirsichbowle.

Da kam ihm die Idee, die Pfirsiche zu pürieren und dann dieses Fruchtmark mit etwas Prosecco zu mischen. Das war der Durchbruch: Das Ergebnis war ein Getränk, das alle Gäste auf Anhieb begeisterte – zumal die Kombination vom roten Pfirsichsaft mit dem gelblichen Prosecco nicht nur gut schmeckte, sondern auch noch gut aussah.

Cipriani gab diesem Getränk den gut klingenden Namen »Bellini«. Vielleicht erinnerte ihn die rosa Farbe des Cocktails, dieses ins Pink gleitende Pfirsichweiß, an Bilder des venezianischen Malers Bellini – so ist es zumindest in allen Reiseführern zu lesen. Aber sein Sohn sagte später, das sei nur »ein Mythos, der einem Journalisten einmal eingefallen sei und der nun immer wieder auftauche. Vielleicht suchte also Cipriani damals einfach nur einen wohlklingenden Namen.

Wie dem auch sei: Der »Bellini« wurde in Harry's Bar bald der große Renner. Viele Jahre lang mussten in der Küche mehrere Gehilfen daran arbeiten, die kleinen, duftenden Pfirsiche zu entsteinen und ein Püree daraus zu machen, um alle

Gästewünsche zu befriedigen – bis man schließlich eine Firma fand, die dieses Püree herstellte und es tiefgekühlt verkaufte.

Bald gab es dieses Erfolgsgetränk nicht mehr nur in Harry's Bar. Barkeeper aus aller Welt übernahmen das Rezept unter diesem Namen und inzwischen ist der Bellini einer der weltweit beliebtesten Sommer-Cocktails überhaupt.

RENAISSANCE-KUNST AUF DEM TELLER

Zwei Jahre später trafen sich eines Abends wieder einmal einige prominente Stammgäste zum Abendessen in Harry's Bar – darunter auch die Contessa Amalia Nani Mocenigo, eine gute Freundin von Guiseppe Cipriani. Sie berichtete ihm unter Tränen, sie sei krank und der Arzt habe ihr eine strenge Diät verordnet. Es sei schrecklich – sie dürfe vor allem keine gekochten Speisen zu sich nehmen. Ob er nicht irgendwas für sie zaubern könne?

»Geben Sie mir 15 Minuten – ich lasse mir etwas einfallen!«, antwortete ihr Guiseppe Cipriani. In der Küche schnitt er ein rohes Filet Mignon in ganz zarte, hauchdünne, fast durchsichtige Scheiben und arrangierte diese fächerförmig auf einem großen Teller. Zum Schluss verschönte er das Ganze künstlerisch-schwungvoll mit einer weißen Sauce, die als Universalsauce für alle Gerichte in seinem Restaurant immer bereitstand: kalte Mayonnaise aus etwas mildem Olivenöl, Eigelb, Weißweinessig, englischem Senfpulver, Worcestersauce, Zitronensaft, Salz, Pfeffer und gerade so viel Milch, dass die Sauce noch dickflüssig bleibt.

Als Guiseppe das Gericht servierte, fragte ihn die Gräfin: »Was ist das?«

Nun gab es genau zu dieser Zeit unweit der Bar im Dogenpalast in Venedig gerade eine Ausstellung des großen venezianischen Malers Vittore Carpaccio, der für seine leuchtenden Rotweißtöne bekannt war. In der ganzen Stadt hingen rotweiße Fahnen, die für die Ausstellung des berühmten Sohnes von Venedig warben. Sei es, weil Cipriani sich wirklich an die Farben der Carpaccio-Bilder und der rotweißen Fahnen erinnerte, oder weil er zwei Jahre vorher schon einmal mit dem wohlklingenden Namen eines anderen venezianischen Malers so viel Erfolg hatte – jedenfalls antwortete er der Gräfin spontan: »Das ist ein Carpaccio von Rindfleisch mit weißer Mayonnaise.«

Und weil Harry's Bar für die Reichen und Schönen der Welt tonangebend war, funktionierte das Gleiche wie mit dem »Bellini« auch diesmal: Es dauerte nicht lange und in aller Welt servierte man plötzlich »Carpaccios«. Denn das ist heute der offizielle Name nicht nur für Filetscheiben, sondern für alles, was hauchdünn geschnitten serviert wird. Es gibt kaum noch eine gute Speisekarte, auf der nicht ein oder mehrere Carpaccios verzeichnet sind – nicht nur Rindfleisch und nicht nur in den Farben des Malers, sondern alle möglichen Speisen, die sich dünn schneiden und roh servieren lassen.

CARPACCIO VON LANGUSTINEN

MIT PFIFFERLINGEN

Ein Rezept von HEINZ WINKLER

ZUTATEN

(für 4 Personen)

8 sehr frische Langustinen
150 g kleine Pfifferlinge
Salz

Schnittlauchsauce

1 Schalotte
150 g Butter
2 EL Weißwein
20 ml Fischfond
1 EL Schnittlauch
Salz, Pfeffer

ZUBEREITUNG

1. Langustinen ausbrechen, vom Darm befreien und in dünne Scheiben schneiden, auf einen Teller legen und etwas glatt drücken, damit alle Scheiben gleich dick sind.
2. Die Pfifferlinge waschen, halbieren und in einer Teflonpfanne rasch und heiß ansautieren. Salzen und auf das Carpaccio streuen.

Schnittlauchsauce

3. Die Schalotte fein würfeln und in wenig Butter andünsten. Mit Weißwein ablöschen und kurz köcheln lassen, mit Fischfond aufgießen und auf die Hälfte reduzieren. Die restliche Butter

dazugeben, passieren und im Mixer aufschlagen. Den feingeschnittenen Schnittlauch beigeben, mit Salz und Pfeffer abschmecken.

FERTIGSTELLUNG

Die Schnittlauchsauce heiß über das Carpaccio geben.

Der berühmte Schauspieler Fritz Kortner wurde einmal von Freunden in einem Schnellrestaurant »erwischt«. Auf die erstaunte Frage, wieso er gerade hier esse, gab er knurrend zur Antwort: »Ich esse nicht – ich verrichte nur meine Essdurft.«

WIE EINE AUSTER DAS ZARENREICH RETTETE

Als Katharina die Große von Russland noch nicht Zarin, sondern nur die Gemahlin des Zarewitsch war, sagte der Kanzler Graf Bestuschew-Rjumin zu ihr:

»Madame! Sie sind nun schon seit acht Jahren mit dem Zarewitsch verheiratet und haben immer noch keinen Sohn. Ich muss Ihnen sagen: Das Zarenreich braucht, so oder so, einen Erben!« Zuerst wollte Katharina aufbegehren, aber der Kanzler fügte behutsam hinzu: »Madame, bedenken Sie: Nur wenn Sie einen Sohn gebären, ist Ihre Stellung bei Hof unangefochten. Ich sage Ihnen das als jemand, den Sie als Freund betrachten können!«

Katharina war eine Frau schneller Entschlüsse. Sie überlegte nur einen kurzen Augenblick, dann sagte sie mit befehlsgewohnter Stimme: »Nun gut, wenn das so ist, dann bitten Sie meinen Koch, er möge mir zum Abendessen einen gegrillten Stör zubereiten, dazu etwas Kaviar und als Vorspeise ein Dutzend Austern. Und ... schickt mir den Gardeleutnant Saltykow zum Abendessen!«

Genau acht Monate und 29 Tage später gebar die schöne Katharina einen gesunden, hübschen Knaben und ganz Russland freute sich über einen Thronfolger.

Bevor Sie sich allerdings zu große Illusionen machen: All die Geschichten über die aphrodisierende Wirkung von bestimmten Speisen sind sehr umstritten. Wie sagte neulich noch ein Freund von uns: »Alles Quatsch – kürzlich habe ich neun Austern gegessen – und nur drei davon haben gewirkt ...«

Wo wir schon bei dem Thema sind: Auch den Trüffeln hat man bisweilen eine anregende Wirkung in Bezug auf das Liebesleben nachgesagt. Brillat-Savarin ist diesem Problem einmal nachgegangen: Er veranstaltete eine Umfrage unter einigen ihm bekannten Damen und Herren. Er habe sogar, so behauptet er, eine eigene Konferenz bekannter weiser Männer einberufen, um diese Frage zu klären. Nicht ohne Ironie gab er schließlich bekannt, zu welchem Ergebnis dieses weise Gremium gekommen war:

»Trüffel sind kein absolutes Liebesmittel, aber sie können bei gewissen Gelegenheiten die Frauen nachgiebiger und die Männer liebenswürdiger machen.«

AUSTERN UND LAUCH

MIT BLÄTTERTEIG

Ein Rezept von HEINZ WINKLER

Wenn Sie Ihren Gästen dies als Zwischengericht servieren wollen, können Sie Sauce, Lauch und Austern schon vorbereitet haben. Die Blätterteigstücke schieben Sie jedoch erst 10 Minuten vor dem Essen in den Ofen, damit sie heiß aufgetragen werden können.

ZUTATEN

(für 4 Personen)

Austern und Lauch

16–20 Belon-Austern
150 g Blätterteig (tiefgefroren, fertig gekauft)
125 g Lauch
1 Eigelb

Sauce

3 cl Noilly Prat
90 ml Riesling
1 Schalotte
450 ml Fischfond
150 g Butter
Salz

Garnitur

Kerbel

ZUBEREITUNG

1. Die Austern ausbrechen, das Meerwasser vorsichtig durch ein Haarsieb gießen und auffangen. Den Blätterteig ausrollen (4 mm dick) und in 4 × 5 cm große Vierecke schneiden. Im Kühlschrank mindestens eine halbe Stunde ruhen lassen.
2. Den Lauch putzen, waschen und das Weiße in circa 3 cm lange Streifen schneiden. Kurz blanchieren, herausheben und gut zwischen zwei Tüchern ausdrücken.
3. Noilly Prat und Riesling mit der kleingeschnittenen, gewaschenen Schalotte ankochen, den Fischfond aufgießen und um drei Viertel reduzieren. Die Butter darin verkochen, abpassieren, die Sauce im Mixer aufschlagen und leicht salzen.

FERTIGSTELLUNG

Das Eigelb mit etwas Wasser verquirlen, die Blätterteigstücke damit bepinseln, dann auf einem mit Backpapier belegten Blech bei circa 220 °C backen. Den Lauch mit den Austern und dem aufgefangenen Austernwasser in die Sauce geben und kurz erhitzen, jedoch nicht kochen lassen. Den Blätterteig waagerecht (also in Blätterrichtung) halbieren, so dass ein Boden und ein Deckel entstehen. Den Boden in vorgewärmte tiefe Teller setzen, die Austern mit dem Lauch und der Sauce darübergeben und mit dem Blätterteigdeckel dekorieren. Mit Kerbel garnieren und sofort servieren.

DER UNGLÜCKLICHE VATEL

François Vatel ist einer der berühmtesten Köche der französischen Kochgeschichte – aber weniger wegen seiner Kochkunst als wegen seines tragischen Todes. Übrigens war er eigentlich noch nicht einmal Koch, sondern wahrscheinlich eher Konditor – aber vor allem war er Haushofmeister und Organisator großer gastronomischer Ereignisse.

Keiner weiß Genaues über seine Herkunft – manche vermuten, dass er aus Flandern kam und sein eigentlicher Name Watel war. Er tauchte in der Geschichte der Kochkunst zweimal gewissermaßen aus dem Nichts auf und beide Male war es verhängnisvoll. Sein erster Auftritt in der großen Welt war genau am 17. August 1661, damals als Küchenchef bei Nicolas Fouquet. Fouquet war ein sehr tüchtiger Finanzminister unter Ludwig XIV. – für den König allerdings etwas zu tüchtig, denn dieser hatte ihn im Verdacht, einen Teil der Steuern einfach für sich abzuzweigen, um damit sein luxuriöses Leben zu finanzieren. So hatte er sich zum Beispiel einen wahren Palast bauen lassen – das pompöse Schloss Vaux-le-Vicomte, in dem er sich mit wertvollen Gemälden, seltenen Manuskripten, kostbaren Juwelen und Antiquitäten umgab. Die berühmtesten Künstler ihrer Zeit waren ständige Gäste im Schloss und er veranstaltete Feste, bei denen sich die komplette elegante Pariser Gesellschaft ein Stelldichein gab.

Kein Wunder also, dass der König seinen Finanzminister mit immer größerem Misstrauen beobachtete, zumal er selber gerade in dieser Zeit als Folge des Dreißigjährigen Krieges in Geldnot war und sogar sein Tafelsilber hatte einschmelzen lassen, um seine Schulden zu bezahlen.

Der 17. August 1661 markierte den denkwürdigen Tag, der zugleich den Höhepunkt und auch das vorläufige Ende in der glanzvollen Karriere des Nicolas Fouquet bedeutete. Fouquet gab an diesem Tag wieder einmal ein großes Fest, zu dem er als Ehrengast auch den König eingeladen hatte – und diesmal sollte es ein Fest werden, wie es Frankreich bis dahin noch nicht erlebt hatte: 1500 Gäste waren geladen – und François Vatel war beauftragt, dieses Fest zu organisieren.

Auserwählte Musiker und Tänzer unterhielten die Gäste. Schauspieler führten Molières »Les Fâcheux« als Weltpremiere auf, aus 1200 Springbrunnen perlte das Wasser und das abendliche Feuerwerk war vom Feinsten. Auf 80 Tafeln und 30 Buffets glitzerten silberne Bestecke – und am Tisch des Königs waren die Platten und Bestecke sogar aus purem Gold.

Vatel hatte gute Arbeit geleistet, die beste seines Lebens. Und genau das wurde ihm und seinem Arbeitgeber zum Verhängnis. Denn der König bekam bei dem so zur Schau getragenen

Luxus immer schlechtere Laune. Er weigerte sich schließlich sogar, im für ihn bereitgestellten Prunkgemach zu übernachten und reiste noch am Abend verärgert zurück in sein Schloss Fontainebleau, das zwar auch nicht gerade eine kleine Hütte war, aber mit dem Palast seines Finanzministers nicht mithalten konnte.

Drei Wochen später ließ Ludwig XIV. Fouquet unter einem Vorwand verhaften. Die Arbeiter und Architekten aber, die Fouquets Prunkschloss gebaut hatten, ließ er kommen und gab ihnen den Auftrag, ein Schloss zu bauen, das Fouquets Palast in den Schatten stellen sollte. So entstand das Schloss Versailles.

Drei Jahre dauerte der Prozess gegen Fouquet, an dem ganz Frankreich Anteil nahm und der schließlich mit der Verbannung des Angeklagten endete. Ludwig XIV. aber fürchtete, dass Fouquet bei einer bloßen Verbannung ins Ausland zu viel Unheil anrichten könnte, und ließ ihn stattdessen in der Festung Pignerol einsperren – in der gleichen Festung also, in der er später auch den berühmten mysteriösen »Mann mit der eisernen Maske« einsperren ließ, der Gerüchten zufolge sein Zwillingsbruder war. Dort starb der einstmals so mächtige Fouquet 15 Jahre später.

KULINARISCHES DRAMA AUF SCHLOSS CHANTILLY

Und was wurde aus Vatel, Fouquets Haushofmeister? Dem Mann, der seinen Job verloren hatte, weil er zu gut war? Man weiß es nicht. Manche nehmen an, dass er für einige Zeit nach England ging. Aber ein paar Jahre später tauchte er plötzlich wieder in Frankreich auf – als Küchenmeister bei dem einzigen Mann, der es an Großzügigkeit mit dem Stil von Fouquet aufnehmen konnte. Oder – wie andere sagen – der Einzige, bei dem sich das gastronomische Genie von Vatel voll entwickeln konnte: bei dem Prinzen von Condé auf dessen Schloss Chantilly, unweit von Paris.

Der Prinz von Condé war ein großer Feldherr – und ein großer Lebemann. Von ihm stammt der vergnügliche Aphorismus: »Früher, als ich jünger war, hielt man meine Komplimente für Liebeserklärungen. Heute hält man meine Liebeserklärungen für Komplimente.« Bei diesem Prinzen von Condé also war Vatel nun verantwortlich für die Organisation der Feste – und damit auch für das große Fest, das über sein Leben entscheiden sollte.

Will man die verhängnisvollen Ereignisse, die Vatel berühmt gemacht haben, richtig verstehen, muss man wissen: Vatel war, wie seine Zeitgenossen versichern, ein genialer Geist. Madame de Sévigné, die in ihren berühmten Briefen das höfische Leben dieser Zeit und auch Vatels Ende beschrieb, sagte über ihn: »Sein Kopf hätte ausgereicht, alle Probleme eines Staates zu bewältigen.«

Aber er war auch ein echter Künstler – feinsinnig, hochempfindlich. Dadurch kam es zu seinem tragischen Ende, bei dem König Ludwig XIV. indirekt wieder eine Rolle spielte.

Es war der 23. April 1671 – ein wichtiger Tag für den Prinzen von Condé: Der Sonnenkönig Ludwig XIV. hatte sich zum Besuch angesagt – mit großem Gefolge wollte er auf dem Schloss Chantilly bei Paris ein paar Tage Halt machen, bevor er nach Holland weiterreiste. Fünf Jahre lang hatte Ludwig das Schloss seines Cousins gemieden, weil dieser in Ungnade gefallen war.

Jetzt wollte der König mit diesem Besuch zeigen, dass der Prinz wieder in seiner Gunst stand. (Übrigens nicht ganz uneigennützig – er brauchte den Prinzen und seinen Einfluss, denn er stand wieder einmal vor innenpolitischen Auseinandersetzungen.)

Wenn der Sonnenkönig verreiste, dann glich das einer kleinen Völkerwanderung. Fast der ganze Hofstaat mit Anhang folgte Seiner Majestät: die Adligen vom Hofe, die Berater, die Damen, Offiziere, Kurtisanen, Diener – da reichte selbst das riesige Schloss Chantilly nicht aus, um alle Gäste unterzubringen. Die meisten wurden auf Kosten des Königs für die drei Tage des Besuchs im Dorf untergebracht und verköstigt. Nur die wichtigsten Persönlichkeiten schliefen im Schloss selber und wurden täglich dreimal an 60 Tischen zum Essen und Trinken geladen. Das war eine wahrhaft gigantische Aufgabe für Vatel – und eine Aufgabe, die seinem genialen Können und seinem Talent würdig war.

Der große Tag kam und zunächst schien alles bestens zu funktionieren. »Der König kam Donnerstagabend an«, berichtet Madame de Sévigné. »Es begann mit einer Jagd, die bis in die Abendstunden dauerte. Die Festbeleuchtung, der Mondschein, der Spaziergang, die Erfrischungen an einem Ort, der mit Narzissen übersät war – alles das verlief noch wie geplant.«

Dann aber kam das Abendessen – und mit ihm die erste Panne. Eine winzig kleine Panne, niemand hatte sie bemerkt – aber für Vatel, den übersensiblen Künstler, war es ein Verhängnis: Es waren ein paar Gäste mehr gekommen, als er eingeplant hatte – und so ging an zwei Tischen der Braten aus. Der König hatte nichts davon bemerkt, auch der Prinz von Condé nicht. Das kleine Drama hatte an irgendwelchen Tischen ganz am Rande stattgefunden.

Aber Vatel war verzweifelt. Immer wieder murmelte er vor sich hin: »Ich habe meine Ehre verloren, das ist eine Schande, die ich nicht ertragen werde.« Kurz vorm Durchdrehen sagte er zum Hofmeister Gourville: »Mein Kopf dreht sich, seit zwölf Nächten habe ich nicht geschlafen – bitte helfen Sie mir, die Befehle zu geben!«

Gourville unterstützte ihn, wo er konnte. Aber dieser Braten, der nicht am Tisch des Königs, sondern irgendwo am 25. Tisch gefehlt hatte, kam Vatel immer wieder in den Sinn.

Gourville berichtete dem Prinzen von Vatels Verzweiflung. Dieser ging zu Vatel und sagte ihm: »Vatel, alles ist in Ordnung; nichts war schöner als das Souper des Königs!«

Doch der antwortete ihm: »Ihre Güte gibt mir den Rest; ich weiß, dass an zwei Tischen der Braten gefehlt hat.«

»Schluss damit«, sagte der Prinz. »Quälen Sie sich nicht länger, alles ist in Ordnung.«

DAS »VATEL-SYNDROM«

Der Historiker Gustave Bord hat allerdings auch noch über eine Tatsache berichtet, die den Gemütszustand von Vatel zusätzlich beeinflusste: Er war unglücklich in eine Hofdame verliebt. Diese hatte ihm – als Zofe verkleidet – Avancen gemacht, doch als er sie später in großer Robe wiedertraf, beachtete sie ihn nicht einmal.

Die Nacht kam und sie brachte neue Schmach für den angeschlagenen Vatel: Das Feuerwerk, ein Kunststück, für das er 16 000 Franken ausgegeben hatte, misslang – es war von einer Wolke verdeckt.

Vatel fand keinen rechten Schlaf, er fieberte – und hatte Alpträume. Wenn nur wenigstens am nächsten Tag alles gut ginge!

Es war ein Freitag, also hatte er für den katholischen König ein gigantisches Fischessen vorbereitet. Bei einem Dutzend von Fischhändlern hatte er Ware bestellt. Es sollte ein grandioses Schauspiel werden, seine Köche diese Fische feierlich in den Saal bringen unter dem Klang von Fanfaren, Geigen und Pauken ...

Um 4 Uhr morgens fand er immer noch keinen Schlaf. Wenn nur mit den Fischen alles klappte ...

Er stand auf, irrte in den Küchenräumen umher. Da traf er auf einen Jungen, der gerade einen großen Korb voller Fische brachte. »Ist das alles?«, fragte Vatel mit zitternder Stimme. Arglos antwortete der Junge: »Ja ... das ist alles, was ich bringen soll.«

Wie konnte der Junge auch wissen, dass noch ein Dutzend anderer Händler unterwegs waren, um ihren Fang abzuliefern?

Vatel war sich jetzt sicher – er würde nicht genügend Fische haben, um den Sonnenkönig und seinen Hofstaat gebührend zu beköstigen. Er drehte sich in Panik um und lief hinauf auf sein Zimmer. Unterwegs traf er noch Gourville. Er sagte zu ihm: »Monsieur, diese Schande werde ich nicht überleben!« Aber Gourville nahm ihn nicht ernst und ging mit einem Scherzwort über die Sache hinweg.

Ein Fischer nach dem anderen traf ein. Es hatte an diesem Tag einen besonders guten und reichlichen Fang gegeben – die Körbe der Fischer quollen über vor herrlichen frischen Steinbutten, einer schöner als der andere.

Man rief nach Vatel, aber der war nicht aufzufinden. Sein Zimmer war von innen verschlossen, er gab keine Antwort.

Schließlich brach man die Türe auf – und machte einen entsetzlichen Fund: Vatel lag tot am Boden, Blut lief aus seiner Brust. Er hatte sich in seinen Degen gestürzt.

Die Kunde von Vatels Tod machte schnell die Runde – sogar der König nahm Notiz davon. Er sagte, er habe es fünf Jahre lang hinausgezögert, nach Chantilly zu kommen, weil er wisse, welche Umstände dies mache. Er sagte zum Prinzen, er solle ab sofort nur noch zwei Tische zur Verfügung stellen und sich nicht um den Rest kümmern. Er schwor, dass er es nicht mehr zulassen wolle, dass der Prinz sich so aufopferte. Dem armen Vatel hat diese Rücksichtnahme nichts mehr genutzt.

Gourville bemühte sich nach Kräften, den Verlust von Vatel wettzumachen. »Es gelang ihm hervorragend«, berichtete später Madame de Sévigné. »Man speiste sehr gut zu Mittag, nahm einen Imbiss, soupierte am Abend, ging spazieren, spielte und ging auf die Jagd. Alles war vom Duft der Narzissen parfümiert, und alles war wie verzaubert ...«

Diskret versuchte man, die Affäre möglichst schnell zu vergessen und zu bereinigen. Am 24. April 1671, also noch am gleichen Tage, schrieb der Curé der Gemeinde Saint-Firmin in Chantilly ins Pfarrregister: »Man brachte hierhin in der Karosse des Monseigneurs Prinz von Condé den Leichnam von M. Vatel, controleur général, um im Friedhof beigesetzt zu werden auf Anordnung, die mir die Herren Offiziere gebracht haben und die sie zu meiner Entlastung unterzeichnet haben.«

Das Grab von Vatel wurde niemals gefunden. Da er Selbstmord beging, wurde er wahrscheinlich im öffentlichen Massengrab bestattet. Er war genau 40 Jahre alt geworden.

Madame de Sévigné berichtete, dass man noch am Abend des verhängnisvollen Festes den Selbstmord ganz unterschiedlich wertete. Und diese Diskussion dauert auch heute noch an: Die einen sagen, Vatel sei nachahmenswert in seiner Gewissenhaftigkeit und in seinem Ehrgefühl – andere aber sind der Meinung, er sei alles andere als ein Vorbild. Ein guter Koch, so sagen sie, behält immer den Überblick und seine Ruhe. Und er zaubert seine Speisen aus dem, was der Markt hergibt. Vatels Tod sei vielleicht ein tragischer, zumindest ein trauriger Vorfall – aber nicht mehr.

Es gibt manche Hobby-Köche, die an einer Art von »Vatel-Syndrom« leiden: Sie lesen irgendwo ein Rezept und nehmen sich vor, dieses Rezept unbedingt zuzubereiten – auch wenn die Zutaten, die man dazu braucht, vielleicht im Augenblick gar nicht zu haben sind. Verzweifelnd rennen sie von Geschäft zu Geschäft, aber unfähig, flexibel zu reagieren und auf eine andere Mahlzeit umzuschwenken, werden sie immer eigensinniger. Am Abend stürzen sie sich zwar nicht in ihren Degen – aber sie sind unzufrieden, entnervt. Sie servieren ein nicht richtig zubereitetes Essen und sagen den Gästen mit verzweifelter Miene:

»Eigentlich hätte ich es mit diesen oder jenen Zutaten kochen müssen. Aber die habe ich bei unseren blöden Händlern nicht gefunden. Schade, es würde viel besser schmecken ...«

Und die höflichen Gäste betonen unisono, dass es doch ganz hervorragend geschmeckt habe! Aber hoffnungslos – wer unter dem »Vatel-Syndrom« leidet, der glaubt keinem Kompliment.

STEINBUTT IM SPINATMANTEL

MIT SAUCEN-DIALOG

Ein Rezept von HEINZ WINKLER

ZUTATEN

(für 4 Personen)

Farce

100 g Hechtfleisch
Salz
1 Ei
80 g Crème double
Pfeffer aus der Mühle
Muskat
3 EL geschlagene Sahne
32 große Spinatblätter
4 Scheiben Steinbutt à 100 g (1 cm dick geschnitten)

Rotweinbutter

250 ml Rotwein
65 ml roter Portwein
2 Schalotten
80 g Butter

Champagnersauce

6 EL Weißwein
1 EL Noilly Prat
250 ml Fischfond
125 ml Crème double
20 g Butter
Salz
2 EL geschlagene Sahne
1 EL Champagner

ZUBEREITUNG

1. Das gut gekühlte Hechtfleisch in Stücke schneiden, salzen, im Cutter zerkleinern. Das Ei zugeben und nach und nach die Crème double unterrühren. Mit Salz, Pfeffer und Muskat würzen, durch ein Haarsieb streichen und die geschlagene Sahne unterheben.
2. Die Spinatblätter kurz blanchieren, auf einem Tuch 8 Vierecke damit auslegen und trockentupfen. Die Farce 1 cm dick daraufstreichen, die gesalzenen Steinbuttscheiben darauflegen und gut einschlagen.
3. Den Rotwein, Portwein und die fein geschnittenen Schalotten aufkochen, auf ein Minimum reduzieren und 5 Minuten ziehen lassen. Nochmals erwärmen und diese sirupartige Reduktion mit einem Spritzer Rotwein lösen, nach und nach die Butter einrühren und salzen. Sollte die Rotweinbutter zu säuerlich schmecken, noch etwas reduzierten Portwein zufügen.
4. Weißwein und Noilly Prat ankochen, mit Fischfond auffüllen, auf ein Viertel reduzieren und die Crème double und die Butter dazugeben. 10 Minuten leicht kochen lassen, abpassieren und im Mixer aufschlagen. Zuletzt die geschlagene Sahne und den Champagner unterrühren.

FERTIGSTELLUNG

Die eingeschlagenen Steinbuttscheiben in einer Gratinschale mit etwas Fischfond im vorgeheizten Ofen bei 200 °C etwa 6 Minuten garen, herausnehmen und trockentupfen.
Auf vorgewärmten Tellern anrichten und mit beiden Saucen umgießen.

DER COMMANDANTE EN JEFE UND DER CAMEMBERT

Zum Ende des 19. Jahrhunderts gab es am Pariser Boulevard des Capucines eine berühmte Music-Hall mit dem Namen Olympia. Dort gab es Zirkusveranstaltungen, Ballett-Aufführungen und Operetten. Man konnte auch alle großen französischen Stars erleben – wie etwa die heute noch legendären Mistinguett oder Josephine Baker. Leider wurde diese Music-Hall dann 1929 geschlossen und zu einem Kino umgebaut, weil sich der Inhaber davon offenbar mehr Gewinne versprach. Aber ganz so profitabel wie erhofft schien auch das Kino nicht zu sein – denn irgendwann verkam der Saal völlig und stand schließlich leer. 1952 übernahm dann ein Mann namens Bruno Coquatrix das Olympia. Er war ein erfolgreicher französischer Komponist, Texter und Impresario und schon damals Chef einer Music-Hall, dem »Bobino«.

In unglaublich kurzer Zeit verwandelte Bruno Coquatrix den vergammelten Laden in eine der bedeutendsten Veranstaltungsstätten der Welt. Dort als Hauptact aufzutreten war der absolute Ritterschlag für jeden Künstler. Viele Künstler starteten dort ihre Weltkarriere – und alle, wirklich alle Weltstars waren dort wenigstens einmal zu Gast. Coquatrix machte aus dem »Olympia« eine Legende – und wurde dabei auch selber zu einer legendären Gestalt.

Einmal erzählte mir der eifrige Zigarrenraucher Coquatrix eine Geschichte, die ich einfach weitererzählen muss. Er war für acht Tage nach Kuba geflogen, um sich dort auf dem Künstlermarkt etwas umzusehen. Dabei hatte er sich im Hotel Habana Libre einquartiert, dem Stammhotel der revolutionären Regierung. Am letzten Abend seines Aufenthalts wurde er plötzlich um drei Uhr nachts von seltsamen Geräuschen aufgeweckt. Er hörte Schritte im Hotelflur, unterdrückte Unterhaltungen, Kommandostimmen. Auf einmal hämmerte jemand an seine Zimmertüre und rief irgendetwas auf Spanisch. Coquatrix stand auf, zog sich eine Bettdecke über (weil er wegen der Hitze keinen Schlafanzug angezogen hatte) und öffnete. Vor ihm stand im halbdunklen Flur ein riesiger Schatten in Tarnuniform, im Hintergrund Soldaten mit Maschinenpistolen.

Der Schatten entpuppte sich als Fidel Castro, der offenbar unten im Hotel eine Party gefeiert hatte. Jemand musste ihm zugeflüstert haben, dass oben ein berühmter Impresario aus Frankreich wohne. Spontan hatte er beschlossen, diesen zu begrüßen.

Der große Schatten trat näher, umarmte Coquatrix, setzte sich auf die Bettkante und zog den verdutzten Franzosen zu sich herunter. Dann setzte er zu einer Rede an, halb spanisch, halb englisch, von der der verdutzte Coquatrix nur die Hälfte verstand. Nach einer knappen Viertelstunde und einem ebenso langen Redefluss, in dem Worte wie »cultura cubana«, »artistas cubanos«, »relationship« oder »Francese cantante« vorkamen, stand Castro plötzlich auf, umarmte Coquatrix noch einmal und verschwand mitsamt seiner militärischen Begleitung genauso schnell, wie er gekommen war. Coquatrix blieb verdutzt auf seiner Bettkante sitzen und hatte das Gefühl, er habe das alles nur geträumt ...

Als er am nächsten Tag sein Flugzeug zur Rückreise nach Paris besteigen wollte, stand an der Gangway ein kubanischer Offizier, salutierte und überreichte ihm im Auftrag von Fidel Castro ein Paket. In der Kabine öffnete er es und sah, dass es eine Kiste der begehrten kubanischen Cohiba-Zigarren enthielt – eine Zigarrenmarke, die es damals noch gar nicht im freien Handel gab und die nur von der Regierung an ganz besondere Gäste verschenkt wurde. Für den Zigarrenraucher Coquatrix war das natürlich ein göttliches Geschenk.

Zurück in Paris, rief er am nächsten Tag den kubanischen Botschafter an. Er erzählte ihm von seiner nächtlichen Begegnung und dem Geschenk am Flughafen und sagte ihm: »Ich möchte gerne Ihrem Präsidenten ein kleines symbolisches Gegengeschenk machen. Können Sie für mich herausfinden, was ihm Freude machen würde?«

Ein paar Tage später rief der Botschafter zurück: »Ich habe Neuigkeiten aus Havanna«, sagte er. »Können wir uns im Maxim's zu einem Abendessen treffen?«

Beim Nachtisch rückte er dann endlich mit seiner Information heraus: »Also – es muss aber streng vertraulich sein – Fidel

Castro liebt französischen Camembert! Ich bin sicher, er würde sich über einen großen Camembert sehr freuen.«

Am nächsten Tag ging Coquatrix in eins der großen Käsegeschäfte in Paris und erklärte den Sachverhalt. Man sagte ihm, es gäbe große 1-Kilo-Packungen – aber es sei Vorsicht geboten: Der Käse müsse gekühlt versandt werden, sonst könne man nicht für die Qualität bürgen. Und länger als 10 Tage sollte er ohnehin nicht reisen.

Ein paar Tage später flog ein Sonderkurier der kubanischen Botschaft mit einem sorgfältig verpackten Camembert von Paris nach Havanna und überbrachte dort die kostbare Fracht dem Commandante en jefe.

Aber damit ist die Geschichte noch nicht zu Ende. Denn vier Wochen später erhielt Coquatrix ein neues Paket aus Havanna. Sie können raten, was drin war: eine neue Kiste Cohibas im Auftrag des kubanischen Präsidenten.

So bestanden zwischen Kuba und Frankreich über ein Jahr lang kulturelle Beziehungen im monatlichen Austausch von Zigarren gegen Camembert. Wenn es doch immer so einfach wäre!

SOUFFLÉ AU CAMEMBERT

Soufflés sind ein wichtiger Teil der französischen Küche. Als Vorspeise, als Hauptspeise und als süße Desserts. Es gibt sie mit Trüffel, Gemüse, Fleisch, Fisch und Krebsen – der Fantasie sind kaum Grenzen gesetzt. (Auch die berühmten »Salzburger Nockerln« sind übrigens nichts anderes als eine Art von Soufflé!)
Bei uns scheuen sich viele Köche davor, ein Soufflé zuzubereiten – vielleicht aus Angst, sich zu blamieren, wenn ihnen die Zubereitung misslingt (oder weil sie ihnen vielleicht auch schon ein paarmal misslungen ist). Dabei ist die Zubereitung eines Soufflés eigentlich gar nicht so schwer. Man muss nur ein paar Dinge dabei beachten.

ZUTATEN

(für 6 Personen)

½ Camembert
90 g Butter
ein paar Petersilienzweige
400 ml Milch
90 g Mehl
Salz, Pfeffer, etwas Piment d'Espelette
2 Messerspitzen Muskat
6 Eier

VORBEREITUNGEN

Den Camembert in kleine Scheiben schneiden, die Soufflé-Form (Auflaufform) bereitstellen und innen mit etwas Butter bestreichen. Die Auflaufform sollte höher als breit sein. So geht das Soufflé mehr nach oben. Backformen aus Porzellan oder Ton sind für ein Soufflé sehr gut geeignet. Die Petersilie hacken, den Ofen auf 200 °C vorheizen und die Milch erhitzen.

HERSTELLUNG DER BÉCHAMELSAUCE

1. In einer Kasserolle vorsichtig die Butter schmelzen lassen und dann das Mehl nach und nach über ein Sieb zugeben und mit einem Holzlöffel einrühren. Sobald Mehl und Butter eine einheitliche Masse bilden, vorsichtig und unter ständigem Umrühren die erhitzte Milch hinzugeben, bis die Masse dickflüssig wird. Die Béchamel sollte nicht so flüssig wie eine Sauce sein, aber auch nicht fest wie ein Püree. Dann erst die Camembert-Scheiben hineinrühren.
2. Die Kasserolle immer mal wieder vom Herd wegnehmen, damit sich bei der Zubereitung dieser Camembert-Béchamelsauce keine Klumpen bilden.
3. Wenn die Sauce schön cremig ist, mit Salz, Pfeffer, Muskatnuss, etwas Piment d'Espelette und der gehackten Petersilie abschmecken. Noch einmal 2 Minuten lang aufkochen lassen und dann zum Erkalten auf die Seite stellen. Auch dann hin und wieder gerne noch etwas umrühren!
4. Jetzt vorsichtig die Eier trennen. Anschließend das Eigelb aller sechs Eier eins nach dem anderen in die Camembert-Béchamelsauce einrühren.
5. Die Eiweiße zu Eischnee schlagen. Dazu zuerst ein paar Tropfen Zitronensaft oder auch eine Prise Salz in das Eiweiß geben (das hilft mit, dass es später fest wird), dann mit einem Schneebesen zu Eischnee schlagen.
6. Jetzt den Eischnee mit kleinen Schaufelbewegungen vorsichtig unter die Béchamelmasse heben – am besten mit einem Gummispachtel. Dabei keinesfalls rühren, da sonst die Struktur des Eischnees zerstört wird und das Soufflé später nicht richtig aufgehen wird.
7. Die Soufflémasse vorsichtig in die Auflaufform gießen, die damit

ungefähr zu drei Viertel gefüllt sein sollte.

8. Dann mit einem scharfen Messer zwischen der Soufflémasse und dem inneren Rand der Auflaufform einen Schlitz von etwa 1 bis 2 cm Tiefe schneiden – dadurch entwickelt sich später auf dem fertigen Soufflé eine schöne, dekorative Kappe.
9. Für eine besonders gleichmäßige Form der Haube die Soufflémasse vor dem Backen für ein paar Augenblicke unter den Grill stellen. Die Oberfläche verfestigt sich und steigt dann beim Backen schön gleichmäßig nach oben.
10. Dann das Ganze in den Ofen stellen, den man jetzt auf 180 °C herunterdreht.

FERTIGSTELLUNG

Nach ungefähr 25 Minuten ist das Soufflé fertig, zu erkennen an der schönen braunen Farbe der Kappe, die ein paar Zentimeter über dem Rand der Auflaufform zu sehen ist.

TIPPS

★ *Für richtig steifen Eischnee ist eine ausreichende Luftzufuhr wichtig – und das ist am ehesten garantiert, wenn man das Eiweiß mit der Hand und einem Schneebesen schlägt. Wenn Sie einen Krampf im Handgelenk fürchten, dann nehmen Sie halt ein Handrührgerät mit Schneebesen, fangen eine Minute lang mit kleiner oder mittlerer Geschwindigkeit an und gehen dann auf höchste Stufe. Aber beschweren Sie sich dann bitte nachher nicht bei mir, wenn der Eischnee nicht so fest wird, wie er es sein müsste: Er muss nämlich so steif sein, dass sich herausragende kleine Spitzen bilden, wenn man den Schneebesen herauszieht – und die danach auch nicht gleich in die Masse zurückfallen.*

- ★ *Gelangen Fett oder Spuren von Eigelb in das Eiklar, wird der Eischnee später nicht richtig fest. Ein kleiner Trick, um ganz sicherzugehen: Dazu das Ei aufschlagen und über eine Schüssel in die hohle Hand gleiten lassen – dann das Eiweiß durch die Finger in eine absolut fettfreie Schüssel laufen lassen. Experten behaupten übrigens, dass man Eischnee am besten in einer Kupferschüssel schlägt, weil das Eiweiß irgendwie mit Kupfer reagiert und dadurch eine besonders dichte Struktur bekommt.*
- ★ *Kontrollieren Sie das Soufflé um Gottes willen nur durch das Fenster in der Backofentür! Wenn Sie die Tür öffnen, war alle Arbeit vergebens, denn durch den Kälteschock fällt das Soufflé zusammen. Es muss ganz vorsichtig aus dem Ofen herausgenommen werden, indem man die Ofentür langsam öffnet und darauf achtet, dass kein kalter Luftstrom hereinkommt. Ein Soufflé ist nämlich extrem kälteempfindlich – deswegen wird es auch in vielen guten Restaurants sogar unter einer Wärmehaube aufgetragen, die erst am Tisch entfernt wird. Also: Sofort servieren!*

WIE EINE ZIGARRE DEN WELTFRIEDEN RETTETE

Die europäische Geschichte des Zigarrenrauchens begann genau am 28. Oktober 1492, als Columbus seine Bootsleute Rodrigo de Jerez und Luis de Torres in der Bucht von Baracoa zur Erkundung an Land schickte und diese plötzlich einem Indianer vom Stamme der Taíno gegenüberstanden, der eine »maiskolbengroße Zigarre« rauchte.

Der Genuss einer Zigarre ist mehr als nur das Inhalieren von nikotinhaltigem Rauch. (Im Übrigen inhaliert ein echter Aficionado den Zigarrenrauch gar nicht!) Eine Zigarre zu rauchen, das ist fast schon so etwas wie Meditation, wie eine Weltanschauung, Zen in der Welt des Tabakgenusses. Nicht umsonst lag der Tabakanbau bei den indianischen Ureinwohnern Kubas – also bei denen, die das Rauchen erfunden haben – in den Händen der Priester.

Eine gute Zigarre nach dem Abendessen, das ist für viele auch heute noch ein Ritual. Bei den großen festlichen Dinnerpartys gab es nach dem Nachtisch traditionellerweise oft die Ansage des Gastgebers: »Und nun: Likör für die Damen! Cognac und Zigarren – die Herren ziehen sich zurück!« Deshalb ist es auch sicher legitim, wenn ich meinen kulinarischen Geschichten noch eine kleine Zigarrenstory beifüge.

Am Sonntag, den 22. Februar 1998, hielt die Welt den Atem an: Wieder einmal waren amerikanische Flugzeugträger vor den Küsten des Irak vor Anker gegangen, wieder einmal hielt der Diktator Saddam Hussein wilde Reden – und es bestand nur noch wenig Hoffnung, den Frieden zu erhalten. Allzu sehr hatten sich die Fronten in den letzten Monaten verhärtet und keiner der Gegner konnte mehr zurückweichen, ohne sein Gesicht zu verlieren.

Alle Augen ruhten nun auf Kofi Annan, dem Generalsekretär der UNO, der in einem letzten Gespräch mit Saddam Hussein versuchen sollte, die Situation zu entschärfen. Ein algerischer Diplomat, der bei diesem Gespräch mit dabei war, hat darüber berichtet.

Es fing schlecht an: Lautstark und leidenschaftlich stieß Hussein eine endlose Serie von Anschuldigungen und Beschimpfungen hervor. Kofi Annan hörte eine Zeitlang ruhig und aufmerksam zu. Dann, als Hussein einmal in seinem Redefluss eine kleine Pause machte, um Luft zu holen, griff Annan in seine Tasche, zog ein Zigarrenetui mit zwei Cohiba Lanceros heraus und bot eine davon dem Diktator an.

Dieser schwieg verblüfft. Die beiden Männer schauten sich ein paar Sekunden lang in die Augen – Sekunden, die für die Welt entscheidend waren. Langsam sagte Hussein: »Ich rauche nur mit jemandem, zu dem ich Vertrauen habe!«

Kofi Annan antwortete nichts und hielt dem Diktator nur weiter das Zigarrenetui entgegen. Wieder ein paar Sekunden Pause – dann nahm Hussein zögerlich eine Zigarre an. Kurz darauf zogen sich die beiden Männer zu einem Vier-Augen-Gespräch in ein Nebenzimmer zurück und eine Stunde später war der Weltfrieden gerettet. Allerdings: Leider nur für ein paar Jahre.

Können Sie sich vorstellen, wie es ausgegangen wäre, wenn Kofi Annan dem Diktator eine Zigarette aus einer Packung Stuyvesant angeboten hätte?

> ***»Außenpolitik ist die Kunst, einem anderen so lange auf den Zehen zu stehen, bis er sich entschuldigt.«***
>
> Talleyrand

DAS 21-STERNE-MENU, ODER: VIELE KÖCHE VERDERBEN NICHT IMMER DEN BREI

★★★★★★
★★★★★★★
★★★★★★★★

In meiner Arbeit als Künstlermanager habe ich viele Jahrzehnte lang die großen Tourneen von Howard Carpendale produziert. Unsere Tourneestädte waren nicht immer dieselben – aber eine Stadt war immer dabei: Siegen. Da gab es zwar einen hervorragenden örtlichen Veranstalter und eine schöne Stadthalle – aber der eigentliche Grund für unsere Anhänglichkeit an Siegen war ein ganz anderer. In der Nähe liegt ein kleines Städtchen namens Hilchenbach. Dort hatte ein gewisser Erich Steuber ein Luxushotel mit Gourmet-Restaurant: den »Siebelnhof«. Unsere ganze Truppe freute sich immer wieder auf den Abend nach dem Konzert in diesem Hotel – und auf das unglaubliche Essen, das uns dort erwartete. Ich glaube, der Künstler und seine Musiker hätten mich gelyncht, wenn ich eines Tages gesagt hätte: »In diesem Jahr gehen wir leider nicht nach Siegen.«

Steuber ist ein unglaublich phantasievoller Koch. Schon zu Beginn seiner Karriere bekam er seinen ersten Michelin-Stern. Aber die französische Nouvelle Cuisine, damals der einzige Maßstab für die Qualität einer Küche, war auf die Dauer nicht sein Ding. Eines Tages ließ er den Stern sausen und widmete sich der regionalen Küche seiner Heimat. Er gründete eine Initiative unter dem Slogan »Westfälisch angerichtet« und wurde damit bald so bekannt, dass er in zahlreichen Talkshows und regelmäßig für die Landesregierung von Nordrhein-Westfalen Staatsempfänge und Einladungen kulinarisch betreute.

Das mit den Staatsempfängen hat eine kleine Vorgeschichte. Als Steuber nämlich eines Tages per Zufall die rechte Hand des nordrhein-westfälischen Ministerpräsidenten traf, sagte er ihm: »Hör mal zu, würdest du bitte deinem Chef sagen, dass es eine Schande ist, wenn er Staatsgäste empfängt und mit Sushi aus dem japanischen Hotel in Düsseldorf bewirtet? Nichts gegen Sushi, das esse ich auch gerne – aber dein Chef soll sich mal am bayerischen Ministerpräsidenten ein Beispiel nehmen! Der bewirtet nämlich seine Gäste nicht mit Sushi, sondern mit bayerischen Weißwürsten, süßem Senf und einer Brez'n! Erkläre deinem Chef doch mal, dass es auch bei uns viele gute regionale Gerichte gibt.«

Einige Zeit später – er hatte die Unterhaltung fast schon vergessen – bekam Erich Steuber eine Einladung zu einem Gespräch mit dem Ministerpräsidenten. Ein paar Wochen später betreute er für ihn kulinarisch den ersten Staatsempfang.

Wenn mich meine Reisen in die Gegend von Köln führten, fuhr ich oft nach Hilchenbach und verbrachte immer wieder anregende Abende mit Erich. An einem dieser Abende, als wir nach dem Essen eine Zigarre rauchten und einen seiner hervorragenden Rotweine tranken, erzählte er mir von seiner neuesten Idee.

Er hatte den Auftrag, für das Deutsche Rote Kreuz eine große Benefiz-Gala für 400 Gäste zu organisieren – und er plane für diesen Anlass ein 21-Sterne-Menu.

Ein 21-Sterne-Menu? Was sollte das sein?

Begeistert erklärte mir Erich, es würde ein Menu mit sieben Gängen geben – und jeder Gang werde von einem anderen Drei-Sterne-Koch zubereitet! Als er meine skeptische Miene sah, versicherte er mir, auch der DRK-Präsident sei von der Idee sehr angetan.

Und ich? Ich sagte erst mal gar nichts. Dann versuchte ich ihm schonend beizubringen, warum das Ganze eine Schnapsidee war und dass sich so etwas nie im Leben realisieren ließ: Es war schon alleine logistisch kaum möglich, eine Gourmet-Speise für 400 Personen zu kochen. Das hätte ich ihm als Fachmann nicht sagen müssen, das wusste er selber. Aber glaubte er ernsthaft, sieben der größten Köche Europas würden an einem Wochenende ihr eigenes Restaurant im Stich lassen, um in die Kleinstadt Hilchenbach bei Siegen bei Köln zu reisen, um bei ihm zu kochen?

»Und warum nicht?«, antwortete Erich.

Mir war klar, dass Erich mit vielen berühmten Köchen befreundet war. Aber glaubte er ernsthaft, dass die alle nichts anderes zu tun hatten, als in die tiefste Provinz zu reisen, um für ihn und das Rote Kreuz zu kochen? Das konnte nie funktionieren!

Ein paar Monate später klingelte mein Telefon. Erich war dran und rief: »Du – das Ding läuft!«

Ich stand erst einmal auf dem Schlauch. Wovon sprach er überhaupt?

Erich: »Von meinem 21-Sterne-Menu natürlich! Ich habe gerade den Zirkus Roncalli gemietet, der baut mir in Siegen für ein paar Tage ein Zelt auf!«

Und tatsächlich: Das Event fand am 26. Oktober 1986 statt. Aus ganz Europa kamen sie angereist – allen voran Heinz Winkler aus München, die Gebrüder Haeberlin aus dem Elsass, Pierre Romayer aus Brüssel, Günter Scherrer aus Düsseldorf, der Weinpapst Franz Keller aus dem Schwarzwald, Anton Mosimann aus London, Gualtiero Marchesi aus Mailand, Hans-Peter Wodarz aus Wiesbaden, der Grandseigneur Roger Vergé aus Cannes ... kurz: das Who's Who aus dem Almanach der großen europäischen Köche. Erichs Gourmet-Gala war unter dem Namen »Circus Culinaria Roncalli« das kulinarische Event des Jahrzehnts. Die größten Köche Europas zelebrierten vor über 450 zahlenden Gästen ihre Meisterwerke, und alle Gäste nahmen die Erinnerung an ein wohl einmaliges Erlebnis mit nach Hause.

Und Erich Steuber? Er war glücklich und strahlte. Denn wer kann schon von sich sagen, dass die besten Meisterköche Europas einmal für ihn gekocht haben? Da war es ihm gleich, dass er nach Abrechnung aller Kosten seiner Frau klarmachen musste, dass er selber an diesem Ereignis keinen Pfennig verdient hatte. Im Gegenteil ...

Alle in diesem Buch veröffentlichten Aussagen und Ratschläge wurden vom Autor und vom Verlag sorgfältig erwogen und geprüft. Eine Garantie kann jedoch nicht übernommen werden, ebenso ist die Haftung des Autors bzw. des Verlags und seiner Beauftragten für Personen-, Sach- und Vermögensschäden ausgeschlossen.

Wir haben uns bemüht, alle Rechteinhaber ausfindig zu machen, verlagsüblich zu nennen und zu honorieren. Sollte uns dies im Einzelfall aufgrund der schlechten Quellenlage leider nicht möglich gewesen sein, werden wir begründete Ansprüche selbstverständlich erfüllen.

Die Ereignisse in diesem Buch sind größtenteils so geschehen, wie hier wiedergegeben. Für den dramatischen Effekt und aus Gründen des Personenschutzes sind jedoch einige Namen und Ereignisse so verfremdet worden, dass die darin handelnden Personen nicht erkennbar sind.

Bei der Verwendung im Unterricht ist auf dieses Buch hinzuweisen.

FSC www.fsc.org MIX Papier aus verantwortungsvollen Quellen FSC® C145070

echtEMF ist eine Marke der Edition Michael Fischer

2. Auflage
Originalausgabe

Covergestaltung: Michaela Zander, unter Verwendung eines Motivs von ©NataLima über Shutterstock.com
Dieses Werk wurde vermittelt durch Agentur Stefan Linde.
Redaktion: Hendrik Heisterberg
Bildnachweis: Alle Schmuckgrafiken via Shutterstock.com: © Betacam-SP, © NataLima, © DSdesign, © ZVERKOVA, © Kate Macate, © MoreVector, © AVA Bitter, © ArtColibris, © Ashusha, © ArtMari, © Natalya Levish, © Vectorgoods studio, © nafanya241, © Irina Zaharova,© Navalnyi, © Victoria Novak, © Marharyta Kovalenko, © Arkadivna, © Olga Lobareva, © mamita, © Marina Levshina, © bioraven, © Babich Alexander, © Epine, © Sketch Master, © Vector Tradition, © Qualit Design, © skutiherra
Layout/Satz: Michaela Zander
Gedruckt bei GGP Media GmbH, Karl-Marx-Straße 24, 07381 Pößneck

ISBN 978-3-7459-0167-2

www.emf-verlag.de